Wolf W. Lasko

Motivation und Begeisterung

Carpe diem! Nutze den Tag!

(Horaz)

Wolf W. Lasko

Motivation und Begeisterung

Entdecken und aktivieren Sie Ihre Talente

Originaltitel:
Motivation und Begeisterung

www.lasko.de

Wolf W. Lasko:
Motivation und Begeisterung

info@j-kamphausen.de
www.weltinnenraum.de

Layout und Satz:
infospeed GmbH
Umschlaggestaltung:
Subsonic Media
Umschlagbild: Björn Gaus
Druck & Verarbeitung:
Westermann Druck, Zwickau

2008
Die deutsche Bibliothek – CIP-Einheitsaufnahme

Ein Titelsatz für diese Publikation
ist bei der Deutschen Bibliothek erhältlich

ISBN 978-3-89901-148-7

Dieses Buch wurde auf 100% Altpapier gedruckt und ist alterungsbeständig. Weitere Informationen hierzu finden Sie unter www.weltinnenraum.de

Inhaltsverzeichnis

Prolog

Vergnügliche Events

Es hat uns sehr häufig gewundert, dass Führungskräfte, Manager und andere Leistungsträger bestrebt sind, auf zahlreichen Führungs- und Verkaufsseminaren diverse Methoden und Techniken zu lernen: Sie lernen, wie sie einen Abschluss gestalten, wie sie delegieren, wie sie ein Team führen, wie sie ihre Mitarbeiter motivieren und begeistern, und mit welchen Strategien sie sich selbst in Power und Schwung bringen. Nach einer Reihe solcher Seminare beherrschen sie dann 30 Abschlusstricks, 36 Techniken des Konfliktmanagements, 20 des Zeitmanagements, 67 geschickte Gesprächseröffnungen, und natürlich kennen sie auch den Unterschied zwischen offenen, geschlossenen, emotionalen und Suggestivfragen. Aber zwingend erfolgreich sind sie deshalb nicht.

Hingegen gibt es exzellente Verkäufer, Führungskräfte und Manager, die so gut wie nie an solchen Seminaren teilnehmen, die sich in der Vergangenheit nur selten mit solchen Techniken auseinander gesetzt haben. Und dennoch: Sie sind absolut erfolgreich! Was haben sie, was die anderen nicht haben? Was macht sie erfolgreicher als die anderen - trotz aller Ausbildung?

Die Antwort ist einfach: Es gibt Menschen, die auf der Basis ihres Talents stehen, die einen Sinn des Lebens für sich selbst entwickelt haben und daraus die Kraft für ihr Handeln schöpfen. Sie benötigen weder Strategien noch Methoden oder Techniken; sie können aus sich selbst heraus ihr Leben gestalten und ihre Kraft in die richtige Richtung lenken.

Demgegenüber steht derjenige, der sich mit den verschiedenen Möglichkeiten und Verfahrensweisen beschäftigt, um andere Menschen zu begeistern, um Kunden zu überzeugen, um Mitarbeiter zu motivieren, um selbst erfolgreich zu sein - Sie merken es selbst: Bei allem liegt die Betonung auf „um zu". Natürlich erleidet er damit Schiffbruch, denn er wirkt nicht authentisch. Das, was er tut, tut er nur, um zu ... Und das spüren die anderen Menschen.

Nur wer mit der Kraft des Herzens bei seiner Sache ist, dem wird wirklicher Lebenserfolg zuteil. Erfolg ist nicht abhängig von der Anzahl besuchter Seminare und Workshops, Erfolg ist abhängig von der inneren Grundhaltung und vom Talent.

Vergleichen Sie die Teilnahme an einem Seminar oder Workshop mit dem Besuch eines für Sie hochinteressanten Konzerts: Sie schwelgen in der Musik, Sie bewundern die Einfühlsamkeit des Dirigenten, Sie fiebern mit dem Solisten, der auf seiner Violine einen wirklich schwierigen Part mit Hingabe bewältigt, und wenn die Sopranistin die Koloratur mit lächelnder Leichtigkeit darbietet, lassen Sie sich wie alle anderen zu stehenden Ovationen hinreißen. Sie sind absolut begeistert!

Und am nächsten Morgen? „Ach, war das schön", werden Sie sich an den vergangenen Abend erinnern. Und eine Woche, einen Monat später? Vor allen Dingen aber: Sie können Konzerte mit diesem Dirigenten, diesem Solisten und dieser Sopranistin so oft besuchen, wie Sie wollen, für Sie bleibt nichts außer einer sehr erfreulichen Erinnerung an die Konzerte. Denn allein durch den Besuch des Konzerts können Sie weder dirigieren noch Violine spielen und schon gar nicht Sopran singen.

Bezogen auf Seminare und Workshops heißt das nichts anderes, als dass auch sie nur zeitlich begrenzte Events sind. Fast jeder ist ganz bei der Sache, fühlt sich positiv gestimmt, hochmotiviert und vollkommen begeistert. Und am nächsten Tag, eine Woche später, in einem Monat? Was bleibt, ist eine schöne Erinnerung an ein gutes Gefühl und ein Mehr an theoretischem Wissen.

Aber nicht das Wissen um und das Kennen von bestimmten Dingen bringt den Lebenserfolg. Denn, wenn Herz und Talent dabei fehlen, steht das Misslingen bereits vor der Tür. Verstehen Sie uns bitte nicht falsch: Herz und Talent allein helfen auch nicht weiter. Wir brauchen zur Umsetzung natürlich das Wissen und die Fähigkeiten. Aber Herz und Talent sollten das Fundament für das Wissen und für die Fähigkeiten bilden.

Der Adler

Wenn Sie mögen, dann schließen Sie für eine kurze Zeit die Augen, und stellen Sie sich vor, Sie sähen einen Adler. Kraftvoll und stolz gleitet, schwebt er durch die klare Luft - ohne Anstrengung, ganz leicht. Ein Sinnbild von Stärke und Leichtigkeit, und ein bestens geeignetes Symbol für Ihren weiteren Lebensweg.

Lassen Sie uns das anhand eines Beispiels verdeutlichen. Der Adler steht in diesem Fall für einen großen Konzern. Es gibt den Kopf, den Schweif, die beiden Flügel und natürlich das Herz des Adlers.

- Der Kopf gibt die Orientierung vor, er entscheidet. Beispielsweise gibt er die Richtung vor, den Umsatz in einem Jahr um x Millionen zu erhöhen. Er definiert die dafür notwendigen Ziele und weil er weiß, dass Ziele oft genug in eine Zeitfalle führen, setzt er auch Prioritäten.
- Der Schweif kennt das Ziel des Kopfes, er gibt unablässig sein Feedback zur Kurseinhaltung und bei einer Abweichung kann er eine Kurskorrektur vornehmen.
- Der rechte Flügel unterstützt den Kopf mit seinen Fähigkeiten: Er ist bestens geübt in Kommunikations- und Eskalationstechniken, er ist geschult in Rhetorik und Konfliktmanagement, er kennt die geeigneten Methoden für einen guten Abschluss. Kurz gesagt, er hat alles gelernt, was es an unentbehrlichen Methoden und Techniken zu lernen gibt.

- Der linke Flügel beherrscht sämtliche Methoden und Techniken im Umgang mit anderen. Er weiß zu delegieren und Aufgaben zu verteilen. Er kennt die 10 Prozent der Mitarbeiter, um die er sich gar nicht zu kümmern braucht, weil sie ihren Job ohnehin exzellent erledigen; er kennt auch die anderen 10 Prozent, die er schlicht und einfach vergessen kann. Er konzentriert sich auf die verbleibenden 80 Prozent der Mitarbeiter. Sie weiß er zu motivieren, ihnen kann er die Ziele und den Weg zu den gewünschten Ergebnissen vermitteln.
- Das Herz des Adlers ist der Mittelpunkt von Kopf, Schweif, linkem und rechtem Flügel. Es analysiert nicht, strukturiert nicht, kennt keine "Um-zu"-Strategien. Das Herz steht für die innere Einstellung, für das innere Commitment und für das innere Wissen um Wahlfreiheit. Das Herz ist die Kraftquelle, die den Adler zum Ziel führt. Es ist das Triebwerk, ohne das der Adler nicht fliegen kann. Der Adler braucht einfach ein kraftvoll pulsierendes Herz, das ihn antreibt, das voller Begeisterung für das Ziel und den Weg dorthin schlägt.

Kopf, Schweif, die beiden Flügel und das Herz müssen in Einklang stehen, damit das Ziel erreicht werden kann. Denn, überlegen Sie einmal, was wäre, wenn der Schweif des Adlers dem Kopf sein Feedback verweigern würde? Der Kopf würde sich wahrscheinlich verirren. Oder, wenn der linke Flügel träge herunterhängen würde, weil ein konstruktiver Umgang mit anderen Menschen ihn absolut nicht interessiert: Nur mit einem Flügel zu fliegen, würde das Vorwärtskommen des Adlers erschweren. Und würde das Herz weder mit dem übereinstimmen, was der Kopf will, noch mit dem, was die Flügel tun, würde es sich auf Grund seiner inneren Einstellung und eines fehlenden Commitments einfach verweigern: Der Adler wäre dem Tod preisgegeben.

Wir dürfen nicht vergessen, dass alle funktionierenden Methoden und Techniken von Menschen abgeschaut wurden, die aus ihrer inneren Einstellung heraus ganz mit dem Herzen gehandelt haben.

Nur weil ihr Herz, ihre Ziele und ihre Handlungen übereinstimmten, sind ihre Methoden und Techniken so erfolgreich, dass sie von anderen kopiert wurden. Das Herz ist bei allem die Quelle des Ganzen.

Das erklärt, warum es Führungskräfte gibt, die trotz sichtbarer Schwächen geliebt und geschätzt werden. Das erklärt auch, warum es Verkäufer gibt, die sich nur gelegentlich mit Methoden, Techniken und Strategien beschäftigen und dennoch überdurchschnittlich erfolgreich sind. Ihre innere Einstellung stimmt mit dem überein, was sie tun. Ihr Tun hat eine Qualität von Berufung, es ist ihnen absolut wichtig, was sie tun. Sie schwimmen in ihrem Talent und entwickeln daraus eine Begeisterung, die sich auch auf andere überträgt. Denn es kommt gar nicht so sehr darauf an, andere durch Methoden und Techniken zu begeistern. Viel wesentlicher ist es, selbst begeistert zu sein. Das ist das Schmieröl im Erfolgsgetriebe des Lebens.

Das Bild des Adlers lässt sich natürlich auch auf Ihr Leben und Ihre Ziele übertragen. Auch dann gilt selbstverständlich, dass Kopf, Schweif, Flügel und Herz vollkommen harmonieren sollten. Denn würde Ihr Herz nicht mit ganzer Kraft die Ziele und Handlungen unterstützen, wird es schwer, wenn nicht gar unmöglich sein, in die vom Kopf festgelegte Richtung zu fliegen.

Selbstverständlich kann es Ihnen auch dann, wenn der Adler in absoluter Harmonie fliegt, passieren, dass nicht alles hundertprozentig erreicht wird. Verzagen Sie deshalb nicht gleich, sondern trösten Sie sich mit dem Gedanken, dass das Leben in den seltensten Fällen hundertprozentig verläuft.

Das 79/21 – Gesetz

Es gibt ein Lebensgesetz, das so genannte 79/21-Gesetz. Es besagt, dass in den meisten Fällen 79 Prozent einer Situation als perfekt und 21 Prozent als eben nicht perfekt bewertet werden können. Die 21

Prozent sind in diesem Fall natürlich keine feststehende Zahl, sie sind nur eine Metapher für das, was zur hundertprozentigen Perfektion fehlt.

Als Sie Ihren Lebenspartner kennen lernten, herrschte anfangs sicher nur eitel Sonnenschein: Zu 100 Prozent waren Sie verliebt! Und was ist jetzt? Einige Jahre sind vielleicht vergangen, und Sie haben Ihren Partner besser kennen gelernt. Und siehe da: Es ist nicht alles pures Gold, was glänzt. Sie haben inzwischen seine Mucken und Macken kennen gelernt, und die könnten Ihre Liebe ziemlich beeinträchtigen, wenn Sie Ihre Aufmerksamkeit nur darauf lenken würden.

Manche Menschen tun das und verlassen ihren Partner. Weil sie sich aber dennoch einen zu 100 Prozent passenden Partner wünschen, begeben sie sich auf der Suche nach der genetischen Wunschkreuzung in eine unendliche Akquisitionsschleife. Damit befinden sie sich in bester Gesellschaft mit anderen Menschen, die einem Ideal hinterher jagen und nicht erkennen, dass sie sich selbst die größten Steine in den Weg legen.

Das Gleiche gilt für den Job. Vielleicht kennen Sie einen Menschen, der der Illusion unterliegt, die Arbeit müsse zu 100 Prozent angenehm und erfolgreich sein. Das, was ihm nicht so gefällt, ärgert ihn mehr als dass ihn das Positive erfreut. Das hat zur Folge, dass er die Arbeit als bedrückend und belastend empfindet. Er quält sich durch den größten Teil des Arbeitstages und konzentriert sich darauf, was im Job alles nicht funktioniert, welcher Kollege ihm auf die Nerven fällt, was der Vorgesetzte falsch macht, und der Aufzug, der funktioniert auch schon wieder nicht ...

Solche Menschen sind natürlich bestrebt, den unbequemen 21 Prozent zu entfliehen. Ein neuer Job muss her, doch auch hier begegnen sie den 21 Prozent. Und wieder ein neuer Job, doch die 21 Prozent bleiben. Irgendwann steigen sie vielleicht aus und suchen ihr Glück in einem fernen Land: Sie wandern aus nach Bali, doch spätestens nach zwei Wochen werden sie auch hier mit den 21 Prozent konfrontiert. Aber wen wundert's: Diese Menschen werden den 21 Prozent überall begegnen, denn sie nehmen sich selbst immer mit. Wann ist das Leben schon zu 100 Prozent perfekt? Wer mit den 21 Prozent nicht umgehen kann, der wird ihnen nur schwerlich entfliehen können. Die 21 Prozent gehören eben zum Leben wie die Nacht zum Tag. Die einzig mögliche Veränderung ist, dass wir selbst uns verändern, um in der Lage zu sein, mit den 21 Prozent umgehen zu können. Entscheidend dabei ist, dass wir die vermeintliche Negativität akzeptieren und gut damit umgehen können. Wer erkennt, dass erst die 21 Prozent ihm die 79 Prozent schenken, der hat gewonnen!

Der Zollstock

Nehmen Sie einen Zollstock zur Hand, er ist die Messlatte für Ihr Leben. Markieren Sie nun den Punkt bei 20 Zentimetern. Das ist das Lebensalter, in dem die meisten sich bereits voll auf den Job konzentrieren. Die nächste Markierung setzen Sie bei 60 oder 65 Zentimetern - je nachdem, wann bei Ihnen das Berufsleben voraussichtlich beendet ist. Die Strecke zwischen der 20 und der 60 beziehungsweise der 65 ist das so genannte „Dilemma der 40". Diese 40 Jahre Ihres Lebens verbringen Sie zum größten Teil im Job.

Sicher, es gibt die Freizeit, die Wochenenden und den Urlaub. Die Indianer kennen den Satz: Die Seele reist langsamer als der Körper. Und das besagt: Wenn Sie zu Hause angekommen sind, ist Ihre Seele noch längst nicht da. Die Dinge des Tages wirken nach. Auch wenn Sie fernsehen, die Zeitung lesen, mit Ihrer Frau, den Kindern oder Ihren Sportkollegen zusammen sind, denken Sie an die Konferenz, die Teambesprechung, das Kundengespräch. Und oft genug geschieht es, dass der Körper zu Bett geht, die Seele aber immer noch nicht angekommen ist. Das ist ein typischer Tag im Dilemma der 40. Und wenn Sie am nächsten Morgen unter der Dusche stehen, woran denken Sie dann? Richtig, Sie denken bereits schon an das, was an diesem Tag erledigt werden muss.

Woran Sie denken, da sind Sie! Fast rund um die Uhr sind Sie also im Job. Ist das Freizeit? Und an den Wochenenden sieht es oft nicht viel besser aus. Bis zum Samstagabend haben Sie es möglicherweise geschafft, mit den Gedanken nicht mehr im Job zu sein. Der Sonntagvormittag schenkt Ihnen vielleicht beinahe so etwas wie eine Erleuchtung, weil Seele und Körper zur gleichen Zeit am selben Ort sind. Das mag bis zum Mittagessen anhalten, aber schon während des Desserts drängen sich die Gedanken an den morgigen Arbeitstag mit all den zu erledigenden Aufgaben wieder nach vorne.

Selbst im Urlaub gelten Ihre Gedanken der Arbeit. Da haben Sie schließlich richtig viel Zeit, um nachzudenken: Ist es tatsächlich der richtige Job für mich? Was soll ich tun, um mehr Geld zu verdienen? Hoffentlich weiß meine Vertretung mit dem ach so schwierigen Kunden richtig umzugehen. Schade, dass ich so bald wieder zur Arbeit muss.

Fazit ist: Freizeit, so wie wir sie definieren, gibt es nicht. Es gibt keine Trennung zwischen dem Leben im Job und dem Leben außerhalb. Aber es gibt freie Zeit. Im Dilemma der 40 leider aber wohl zu wenig. Genau da liegt der Irrtum. Denn wer die 79 Prozent mit Begeisterung lebt, wird zwar um die 21 Prozent wissen, er wird sie wahrnehmen, aber er wird ihnen keine Aufmerksamkeit schenken. Er macht aus den. 79 Prozent die runden 100 Prozent!

Nun markieren Sie auf dem Zollstock Ihr derzeitiges Lebensalter; am besten mit einem dicken roten Stift! Wie lange befinden Sie sich schon im Dilemma der 40, und wie viel liegt noch vor Ihnen? Und wenn Sie nun daran denken, dass die meisten Anfang siebzig - die Altersangaben variieren je nach Versicherung -- bereits ein Meeting auf dem Zentralfriedhof haben, leuchtet es doch ein, dass die Zeit bis dahin möglichst powervoll ausgekostet werden sollte.

Ob ein Mensch sich nun auf die 21 oder die 79 Prozent konzentriert, hängt davon ab, ob und wie weit er seine Talente erkannt hat. Wer seine Talente achtet und sie lebt, der hat Ideen, für die er bereit ist, sich mit aller Kraft einzusetzen. Er hat Visionen, die einem tiefen Herzenswunsch entsprechen, die seine Gedanken beherrschen. Er hat etwas, das ihn motiviert, ihn begeistert. Und die 21 Prozent? Die sind für ihn das Salz in der Suppe, das dem Leben erst den richtigen Geschmack verleiht.

Genau das erklärt den Unterschied zwischen den Menschen, die die Welt als positiv erleben, und denen, die ihre Aufmerksamkeit dem weniger Perfekten schenken. Das erklärt den Unterschied zwischen denen, deren Leben einen Sinn hat, und denen, die das Leben als sinnlos empfinden.

Talentsuche

Und nun fragen Sie sich nach Ihren Talenten. Können Sie Ihre Fähigkeiten präzise benennen? Oder wäre Ihre Antwort eher einer der folgenden ähnlich?

- Ich weiß nicht so recht, früher konnte ich ganz gut ...
- Darüber habe ich mir noch keine Gedanken gemacht, aber eigentlich habe ich keine besonderen Talente.
- Ja, wenn ich malen könnte wie Rubens oder komponieren wie Beethoven, dann wüsste ich, was meine Talente sind.

Die Summe der Talente, die Sie leben und auch der, die Sie nicht leben, das sind Sie! Natürlich können Sie in jeder Lebenssituation die Münze werfen. Dann aber sind Sie wie das so oft beschriebene Blatt im Winde, ein Segel, das der Wind steuert. Ganz sicher ist dann aber: Ihre Talente leben Sie nicht.

Wenn Sie jedoch Ihre Talente erkennen und leben, dann setzen Sie selbst die Segel! Beides kostet die gleiche Energie. Mit dem einen Unterschied: Jeder Narr kann sich durchs Leben treiben lassen, unfrei und stets abhängig von äußeren Geschehnissen. Frei hingegen ist der Mensch, der sich selbst anerkennt. Frei ist der Mensch, der in den Spiegel schaut und weiß, dass der, der ihm da entgegenschaut, der Mensch ist, den er gewählt hat.

Auch Sie haben sicherlich Lebensträume, Visionen, und setzen sich Ziele, die Sie erreichen möchten. Aber: Wenn Sie nicht wissen, was Ihre Talente sind, wie wollen Sie dann wissen, welche Visionen für Sie richtig sind oder ob die Ziele, die Sie sich gesetzt haben, Ihnen entsprechen? Erst das Wissen um Ihre Talente erlaubt es Ihnen die Visionen zu entwickeln, die Sie aus ganzem Herzen anstreben und für deren Verwirklichung Sie bereit sind, Ziele zu erreichen - mag der Weg dorthin auch noch so anstrengend erscheinen.

Leben heißt nicht nur, ein schlagendes Herz zu haben. Leben bedeutet, powervoll lebendig zu sein, den Weg des Lebens mit Begeisterung zu gehen und, statt darauf zu warten, durch andere motiviert zu werden, sich selbst durch Power und Begeisterung zu motivieren.

Es kann doch nicht sein, dass wir vierzig Jahre lang irgendeiner routinierten Arbeit nachgehen, weil es nur darauf ankommt, den Lebensunterhalt zu verdienen, damit wir am Leben bleiben! Es kann doch nicht sein, dass wir Arbeit finden, heiraten, Kinder bekommen, Karriere machen, und schließlich auf das Ende des Lebens „warten". Es kann doch nicht sein, dass uns das Leben abstumpft, ermüdet, dass wir im Verlauf des Lebens langsam dahinwelken und uns kurz vor dem Ende fragen: „War es das?"

Wie leblose Maschinen fristen wir unser Dasein und schrecken vor dem Leben zurück. So verpassen wir den Grund des Lebens und verstehen das Leben nicht. Sich nur über Wasser zu halten, das reicht nicht. Man muss schwimmen können. Wir müssen den Vorgang des Lebens verstehen, wenn es darum geht, erwachsen zu werden. Gerade dann, wenn man den größten Teil des Lebens noch vor sich hat, ist es erforderlich zu begreifen, worum es im Leben wirklich geht, zu erkennen, welche innere Intelligenz es zu fördern gilt.

Wir brauchen eine Beschäftigung, die uns regelrecht antreibt. Wir brauchen eine vitale Basis. Wer einen Sinn in seiner Existenz findet, wer den Sinn seines Lebens erfasst und wer auf der Basis eines unbedingten Lebenssinns handelt, wird sich selbst als sinnvoll wahrnehmen. Wer hingegen in einem Raum von Sinnlosigkeit und Nutzlosigkeit lebt, schreibt seine eigene Krankheitsgeschichte.

Und noch eines: Wer für sich den Sinn des Lebens erkannt hat, kennt gleichzeitig seine Vision. Und er weiß: Wenn das Leben einen Sinn hat, haben auch Schwierigkeiten ihren Sinn.

Freiheit

Ob es um das Erkennen der Talente, das Entwickeln von Zielen und Visionen oder das Finden des Lebenssinns geht: Bei allem geht es letztlich um das Erschaffen einer inneren Freiheit. Es geht nicht darum, die Persönlichkeit zu verändern oder die Muster, die man eben so hat. Freiheit bedeutet, Wahlmöglichkeiten zu haben, sich selbst mehr Möglichkeiten zu geben, um ein zufriedener und glücklicher, um ein für sein Leben begeisterter und motivierter Mensch zu sein.

Wir haben immer die Wahl. Ob wir uns für ein Leben mit unseren Talenten entscheiden oder für ein Leben, das von außen bestimmt wird. Ob wir uns dafür entscheiden, etwas Besonderes zu tun, oder dafür, im Durchschnittlichen zu bleiben. Ob wir frei sein wollen oder lieber als unfreier Mensch unser Dasein fristen. Wir entscheiden, ob wir eigene Entscheidungen treffen oder Entscheidungen von Anderen getroffen werden. Auch wer sich nicht entscheidet, entscheidet sich: gegen die Entscheidung.

Unsere Freiheit und unsere Wahlmöglichkeiten geben uns einen unendlichen Entfaltungsraum, in dem wir in alle Richtungen wachsen können. Nichts muss entfernt oder beseitigt werden, aber alles kann hinzugefügt werden. Nichts muss aufgegeben werden, aber alles kann verbessert, umgewandelt und neu gestaltet werden.

Das Wissen um die innere Freiheit und die Wahlmöglichkeiten, schenkt Ihnen eine neue Sichtweise. Als hätten Sie ein stark verschmutztes Fenster gereinigt, wird der Blick auf einmal klar und weit. Außerhalb des engen Raumes mit all den Vorurteilen und festgefahrenen Überzeugungen können Sie Ihrer eigenen Talente gewahr werden und die für Sie richtigen Ziele und Visionen erkennen.

Aber: Von nichts kommt nichts. Auch ein Muskel wird nur dann stark, wenn er regelmäßig trainiert wird. Mit den sieben Prüfungszyklen in diesem Buch liegt ein gut durchführbares Training vor Ihnen. Es dient dem Ziel, Sie zu stärken, Sie anzuspornen, Sie Ihren Talenten und Visionen näher zu bringen.

Natürlich ist dieses Buch kein Nachschlagewerk nach dem Motto: „Drei Wochen bis zur Erleuchtung“. Denn es gibt einfach keine universelle Anleitung, keine New-Age-Methode oder irgendeine indische Geheimlehre, mit der Sie mit einem Fingerschnippen Ihre Talente entdecken werden.

Aber Sie werden Ihre eigenen Erklärungen finden! Denn Intelligenz entsteht aus einem Verständnis für sich selbst. Wir werden Ihnen also keinen Schritt-für-Schritt-Weg aufzeigen. Denn das wäre so, als würde Ihnen jemand sagen, was richtig sei, und Sie würden ihm folgen.

Statt dessen möchten wir Sie dazu ermuntern, selbst etwas herauszufinden, sich mit sich selbst zu beschäftigen. Das ist der Sinn der in diesem Buch enthaltenen Prüfungen. Lassen Sie sich darauf ein, und forschen Sie mit den Prüfungen in Ihrem eigenen Ich. Horchen Sie in sich hinein, beobachten Sie sich selbst. So lernen Sie sich selbst und Ihre Talente am besten kennen.

Im Grunde geht es hier um eine Revolution. Denn eine der wichtigsten Voraussetzungen ist, dass Sie unabhängig sind von jeder Dogmatik. Vergessen Sie die Begründungen, Erwartungen, Beurteilungen, Reglementierungen anderer. Tun Sie das, was Sie tun, aus vollem Herzen, und nur aus vollem Herzen. Nur so können Sie Neues schaffen, nur so können Sie neue Resultate erzielen.

Dieses Buch möchte Sie dabei unterstützen, wenn Sie sich an die Möglichkeiten herantasten wollen, die Ihnen bei der aufregenden Entdeckungsreise zu den eigenen Talenten begegnen. Ihnen werden Methoden und Ideen vorgestellt, die Ihr potenzielles Talent wecken oder ausbauen und es Ihnen ermöglichen, das Leben so zu verändern, dass Sie es in vollen Zügen genießen können. Und das ist für jeden möglich.

Wenn Sie mit der Arbeit beginnen, werden Sie in einen kontinuierlichen Prozess einsteigen. Es gibt keinen Punkt, an dem Sie sagen können: „Jetzt habe ich es, jetzt ist Schluss!" Vielmehr beginnen Sie etwas und in diesen Beginn werden Sie sich immer weiter hinein bewegen, Sie werden ihn immer weiter verfeinern. Gerade darum ist es so wichtig, ein Gefühl dafür zu entwickeln, dass Sie auf dem richtigen Weg sind.

Natürlich können Sie dieses Buch, nachdem Sie es gelesen haben, zur Seite legen mit dem Gefühl, ein wenig dazugelernt zu haben, und dennoch Ihren gewohnten Weg weitergehen. Aber wenn Sie bereit sind, intensive Anstrengungen zu unternehmen, um Ihre Talente zu wecken, Ihr Leben selbst in die Hand zu nehmen und es in die Richtung Ihrer Visionen zu steuern, dann versprechen wir Ihnen, dass sich Ihre Anstrengungen lohnen werden.

Denn es gibt so viel Schönes und Wünschenswertes im Leben, aber nichts davon gibt es umsonst. Bei Ihrer Bank bekommen Sie Kredit - im Leben nicht. Hier lautet die Devise: Erst säen, dann ernten.

Konfrontation mit dem Ich

Nehmen Sie jetzt ein aktuelles Porträtfoto von sich und kleben es auf diese Seite. Warum? Nun, nachdem Sie die Prüfungen durchgearbeitet haben, steht Ihnen vielleicht eine kleine Überraschung bevor.

Schauen Sie sich diesen Menschen an, der Ihnen auf dem Foto entgegenblickt. Führen Sie einen inneren Dialog mit ihm. Wer ist dieser Mensch, und warum ist er so geworden? Hat er sein Leben selbst gewählt oder ist es eben einfach so? Fragen Sie ihn, wie es um seine körperliche Gesundheit und Vitalität bestellt ist. Fragen Sie ihn nach seiner beruflichen Zufriedenheit und nach seinen Beziehungen zu anderen Menschen. Hat er das, was er sich wünscht, oder steht er noch am Anfang seiner Visionen? Lebt er seine wahre Identität in dieser sterblichen Welt? Lebt er sein Talent? Schwimmt er in seinem Talent? Oder erprobt er sich mal hier, mal dort, ohne allerdings den tatsächlichen Kern seines Lebens zu erkennen?

Wenn Sie nicht aus voller Überzeugung sagen können: „Dieser Mensch hat alles, was er erreichen kann, alles, was er braucht, um glücklich und zufrieden zu sein", dann wagen Sie es doch einfach, sich selbst besser kennen zu lernen, mehr Freude, mehr Motivation, mehr Begeisterung zu entwickeln. Die Vergangenheit bewältigen Sie nur dadurch, dass Sie Ihre Zukunft besser gestalten. Zu verlieren haben Sie schließlich nichts, dafür aber eine ganze Menge zu gewinnen. Denn es gibt keine Lage, die man nicht veredeln könnte.

Natürlich können Sie sofort mit dem ersten Prüfungszyklus beginnen. Aber wenn Sie Zeit und Lust haben, dann beschäftigen Sie sich vorher noch mit den theoretischen Voraussetzungen im ersten Teil dieses Buches. Der dritte Teil baut auf den Prüfungen auf und beschreibt, wie Sie das, was Sie wollen, auch erreichen können.

Finden Sie heraus, was Sie und Ihr Leben ausmacht! Es spielt keine Rolle, wie es im Moment in dem Raum aussieht, in dem Sie leben, wie es um Geld und Reichtum bestellt ist, wie Sie Ihr Selbstwertgefühl entwickelt haben, in welchen reichen oder auch armen Gefühlswelten Sie leben, mit welchen Beziehungspartnern Sie dieses Leben genießen, wie perfekt oder weniger perfekt Sie kommunizieren können, wie vital Ihr Körper ist, wie Sie Projekte angehen. Es ist egal, ob Sie die Dinge, die Sie sich und anderen versprechen, auch erreichen, ob Sie Ihre persönlichen Ziele materialisieren, ob Sie Ihr Zeitmanagement im Griff haben. Es kommt ganz allein darauf an, dass Sie Ihren Lebensraum so gestalten, dass er Ihrem Talent entspricht, dass Ihnen ein Leben in dieser Form Spaß macht. Das zu erreichen, ist der Weg, etwas Einzigartiges zu tun.

Und allein darauf kommt es an, dass wir uns in eine Position bringen, in der es uns möglich ist, etwas Einzigartiges zu tun, für das wir auf die Welt gekommen sind. Erkennen Sie Ihr Talent, wecken Sie es, entdecken und erfüllen Sie es. Denn das ist Ihre ganz persönliche Chance, das Spezifische, das ganz Persönliche, das Individuelle in Ihnen herauszuarbeiten.

Bei allem, was Sie tun, planen oder wünschen, bedenken Sie eines: Jedes Lebenswerk, das nicht auf Talent gegründet ist, trägt den Keim des Todes in sich und geht seinem Ruin entgegen.

Teil A

Das potenzielle Talent

1. Die Kraft der Talente

Die Faszination des Lebens

Haben nicht auch Sie irgendwann schon einmal Menschen bewundert oder gar beneidet, die etwas erreicht haben, was auch Ihnen erstrebenswert erscheint? Diese Menschen scheinen Glückskinder zu sein, ausgestattet mit besonderen Talenten, großen Fähigkeiten und einer starken Ausstrahlung. Sind solche Menschen tatsächlich Ausnahmen, sind sie durch das Schicksal außergewöhnlich begünstigt?

Nun, wir sind sicher, dass in jedem von uns weit mehr schlummert als das, womit wir uns allzu leichtfertig glauben bescheiden zu müssen. Jeder Mensch trägt in sich besondere Fähigkeiten und Begabungen - eben Talente. Denn Talent heißt nicht nur, eine besondere Begabung zu haben für die Malerei, die Musik, die Dichtkunst oder andere Dinge, die üblicherweise als Talent empfunden werden. Talent umfasst alle menschlichen Qualitäten, gleich ob künstlerische Fähigkeiten, technisches Können, kaufmännische Begabung oder soziale Kompetenz. Und die Talente sind das, was uns hilft, mit Faszination zu leben und nicht nur „gelebt zu werden“: von den Vorgaben der Gewohnheit und der Sicherheit, von den gesellschaftlichen Normen und all den Regeln, denen wir uns blind unterwerfen, ja, die wir manchmal noch nicht einmal bewusst wahrnehmen.

Leider entdeckt nicht jeder die Chance, sein Talent auch leben zu können. Vielleicht sind es sogar die wenigsten Menschen. Und wenn wir jetzt einmal die Grautöne bewusst übersehen und uns der Schwarzweißmalerei zuwenden, können wir zwei sehr verschiedene Typen erkennen.

Schauen wir uns zuerst Typ A an, den Menschen, der sein Leben aktiv gestaltet und lebt, der sich auf allen Ebenen in der kosmischen Ordnung von Erfolg und Gewinn befindet:

Typ A

Dieser Mensch hat seine Anlage gefunden. Er lebt sein Talent, er lebt in seiner Identität. Begeistert von dem, was er tut, weiß er, was er ist. Er weiß, was er will, wo er sich auf seinem derzeitigen Lebensweg befindet und wie er durchs Leben gehen möchte. Er empfindet seinen Beruf als Berufung, das Tun ist für ihn ein faszinierendes Abenteuer. Dem Leben vertraut er sich an und nimmt jede Stunde bewusst wahr. Ein solcher Mensch lässt sich von seiner inneren Sonne lenken und leiten. Er lebt sein Herz - er lebt den Königsweg.

Lassen Sie uns nun den Blick auf Typ B richten. Ihm muss der Slogan „Das Leben ist faszinierend" beinahe wie eine Provokation erscheinen

Typ B

Hier finden wir all die Menschen, die mit dem Wind segeln, den andere gemacht haben. Abhängig von der Umwelt, ohne Selbständigkeit, fehlt ihnen die Orientierung für ihren Lebensweg. Sie haben ihr Territorium für ein faszinierendes Dasein nicht gefunden. Sie lassen sich von Dogmen irreführen und halten diese auch noch für ihre Freunde.

Oft vertuschen sie mit operativer Hektik, dass da etwas nicht stimmt. Sie geraten außer sich und nehmen sich nicht die Zeit, in sich zu gehen. Statt dessen versuchen sie fleißig, die Welt zu verändern, nicht wissend, dass zuerst das eigene Feld bestellt werden sollte, bevor die anderen an der Reihe sind.

Dieser Typ Mensch macht sich ohne Ende Sorgen. Von den 100 Prozent Sorgen gelten schätzungsweise:

- 40 Prozent den Dingen, die dann doch nicht passieren,
- 30 Prozent dem, was bereits geschehen, vorbei, nicht zu ändern ist,

- 15 Prozent sind höchst überflüssig, sie werden niemals eintreten,
- 10 Prozent gelten als Lappalien, und
- nur 5 Prozent sind berechtigte Sorgen.

Kein Wunder, dass Schwermut, Traurigkeit, Depressionen, Weltschmerz und lähmender Trübsinn seine Wegbegleiter sind. Er ist ein Blatt im Wind, ein Schiff ohne Steuer, gehetzt und entwurzelt. Und doch glaubt er fest daran, dass er auch ohne Erweckung seines Talentes irgendwann automatisch in den Hafen eines faszinierenden Lebens gelangen wird - bis dann mit 40 oder 50 Jahren die Illusion verloren geht und nichts anderes bleibt, als das Beste daraus zu machen.

Das Leben ist keine Entzugserscheinung der inneren Wünsche, das Leben sollte als souveränes Einssein mit sich selber empfunden werden. Aber welcher Schlüssel ist es, der die Tür öffnet zu dem geheimen Wissen, das den einen zum Glückskind werden lässt und den anderen in den Dornröschenschlaf zwingt? Wodurch kann das potenzielle Talent, die Herzensanlage geweckt werden und zur Entfaltung kommen?

Ohne in die Rolle eines kosmoplanetarischen Messias schlüpfen zu wollen, behaupten wir Folgendes: Das Erwecken des eigenen Talentes, die Chance, ein Leben in Begeisterung zu führen, hängt davon ab, wie sehr Sie bereit sind, sich durch einen harten Prüfungsprozess bis zu dem Punkt hin zu entwickeln, an dem Sie Ihr Talent erkennen und annehmen können. Der intensive Prozess der in diesem Buch dargestellten Prüfungszyklen gibt Ihnen zwar die Möglichkeit, diesem Punkt näher zu kommen, aber das Resultat der Prüfungen wird nicht das schlagartige Erwachen Ihrer Berufung sein. Talent können Sie nicht direkt erarbeiten, ebenso wenig wie Sie den Schlaf erzwingen können.

Auch das Schlafen an sich ist nicht das Ergebnis aktiven Handelns. Sicherlich können Sie viele Dinge tun, damit Sie müde werden und der Schlaf zu Ihnen kommen kann. Aber Sie können nichts direkt dafür tun, um in den Zustand des Schlafes zu kommen, ebenso wenig wie Sie etwas dafür tun können, dass Ihr potenzielles Talent erwacht.

Die Chinesen sagen: Durch Nichtstun erreicht man den förderlichen Lebensweg. Der Schlaf und das Talent sind Geschenke, für die Sie nichts Direktes, Unmittelbares tun können, um sie zu erhalten. Sie werden ihrer erst dann gewahr, wenn Sie ausreichend dafür vorbereitet sind. Und dafür müssen Sie sich anstrengen. Nur die ernsthafte Auseinandersetzung mit den Prüfungen ist die Gewähr, dass Sie dieses Geschenk erhalten können. Aber wann das sein wird, das lässt sich nicht vorausberechnen.

Programme überlagern die Talente

Lassen Sie uns zurückkehren zu der Frage, wodurch das potenzielle Talent entfaltet werden kann. Oder anders herum: Was hindert einen Menschen daran, die Talente zu entwickeln, die ihm sozusagen in die Wiege gelegt wurden?

Der Grund liegt in den „Programmen", die uns von Kindheit an mit auf den Weg gegeben wurden. Vielleicht waren Sie als Kind äußerst schnell mit allem, was Sie taten. Von Ihren Eltern wurden Sie jedoch stets angehalten, langsam und sorgfältig zu sein, alles gut vorzubereiten und in Ruhe durchzuführen. Ihr Talent, Dinge schnell zu erledigen, wurde durch das Programm „Langsam und sorgfältig" überlagert.

Heute erledigen Sie Ihre Aufgaben zwar sehr genau, aber ohne Begeisterung und - folglich - wenig erfolgreich. Würden Sie Ihr eigentliches Talent wiederentdecken, stünden Ihnen ganz andere Möglichkeiten offen: Sie könnten rasch arbeiten und, da Sie es mit Begeisterung tun, gleichzeitig exzellente Ergebnisse erzielen.

Gleiches geschieht, wenn Eltern das Talent ihres Sprösslings übersehen, weil es nicht in die Richtung geht, die sie sich für ihr Kind wünschen. Wenn es ein hervorragender Chemiker werden soll, wird alles wahrgenommen und gefördert, was auch nur ansatzweise in diese Richtung deutet, die ausgeprägten künstlerischen Fähigkeiten aber werden ignoriert.

Solche und ähnliche Programme, die uns sagen, wie wir uns verhalten sollen, was erwünscht oder verboten ist, verhindern, dass ein Kind sich seinen ureigensten Anlagen und Eigenschaften entsprechend entfalten kann. Es kann sich zwangsläufig nur in die Richtung entwickeln, die ihm von seiner Umwelt als normal und erstrebenswert präsentiert wird. Und auch im späteren Leben sieht der Mensch seine Visionen und die Ziele, die ihn dort hinbringen, leider viel zu häufig durch die Brille dieser alten Programme, bleibt in einer Realität stecken, die wenig oder sogar nichts mit seinen wirklichen Begabungen zu tun hat.

Da wundert es wenig, dass viele Menschen ziel- und erfolglos durchs Leben gehen. Wie sollten sie auch optimale Leistungen erbringen, wenn sie Ziele haben, die ihren Talenten in keiner Weise entsprechen? Denn schließlich sind Ziele der Weg zu Ihren Visionen, ein Weg, der Ihr Leben funktionieren lässt. Erfolgreich kann ein Mensch nur dann sein, wenn er das, was er eigentlich sein könnte, auch ist.

Dabei ist es egal, was Sie in Ihrem Leben machen. Lieber ein fröhlicher, quietschvergnügter Sachbearbeiter sein, der durch seine Lachfalten jung gehalten wird, als ein Vorstand, der wie eine lustlose Schnecke durchs Leben kriecht. Nicht die Position innerhalb der Hierarchie ist Ausdruck der Lebensqualität, sondern dass man sich da wohl fühlt, wo man ist, und mit dem, was man ist.

Um diese Lebensintensität zu erreichen, können Ihnen die Prüfungen helfen. Sie sollen Sie unterstützen, wenn Sie Ihre noch schlummernden Anlagen wecken möchten. Aber denken Sie bitte daran: Nur Sie allein können Ihre individuellen Anlagen finden.

Wenn Sie spüren, dass Ihr Tun oder Ihr Empfinden nicht Ausdruck von Lebensbegeisterung ist, wenn Sie Routine, Limitierung, Paralyse und Langeweile empfinden, können Sie das Ruder herumwerfen. Und es spielt keine Rolle, in welcher Lebensphase Sie sich befinden. Sie können Ihr Leben jederzeit in die Hand nehmen, Sie können sich, wann immer Sie wirklich wollen, selbst erneuern. Denn das Monopol auf Lebenssinn liegt ganz allein in Ihrer Hand.

Nehmen Sie sich ein Beispiel an der Libellenlarve, die immer wieder den unwiderstehlichen Drang nach oben verspürt, um neue Luft zu schöpfen. Ein Blutegel, der sie des öfteren dabei beobachtet, äußert eines Tages sein Unverständnis darüber: „Habe ich vielleicht jemals das Bedürfnis nach dem, was du Himmelsluft nennst?“ „Ach“, erwiderte die Libellenlarve, „ich habe nun einmal die Sehnsucht nach oben. Ich versuchte sogar schon einmal, an der Wasseroberfläche nach dem zu schauen, was darüber ist. Da sah ich einen hellen Schein, und merkwürdige Schattengestalten huschten über mich hinweg. Aber meine Augen müssen wohl nicht geeignet sein für das, was über dem Teich ist. Aber wissen möchte ich's doch!“ Der Blutegel krümmte sich vor Lachen: „Oh du fantasievolle Seele, du meinst, über dem Tümpel gibt es noch etwas? Lass doch diese Illusion. Glaube mir als einem erfahrenen Mann: Ich habe den ganzen Tümpel durchschwommen. Dieser Tümpel ist die Welt - und die Welt ist ein Tümpel. Und außerhalb gibt es nichts.“ „Aber ich habe doch den Lichtschein gesehen und Schatten!?“ „Hirngespinste! Was ich fühlen und betasten kann, das ist das Wirkliche“, antwortete darauf der Blutegel. Aber es dauerte nicht lange, bis sich die Libellenlarve aus dem Wasser erhob, Flügel wuchsen ihr, goldenes Sonnenlicht und blauer Himmelsschein umspülten sie, und sie schwebte schimmernd über den niedrigen Tümpel davon.

Sehen Sie die Prüfungen wie den Entwicklungsprozess der Larve, in der alle Anlagen, sich eines Tages als schillernde Libelle in die Luft zu erheben, vorhanden sind. Jede Prüfung gibt Ihnen eine neue Chance, Ihre Anlagen intensiv auszubauen oder aber in ihrer ursprünglichen Form zu wecken. Mögen die Veränderungen durch die Prüfungen am Anfang vielleicht auch minimal sein, sie potenzieren sich gewaltig auf der Zeitachse.

Veränderungen bringen es leider nun einmal mit sich, dass sie bisher Bestehendes durcheinander wirbeln und einen klaren Blick verhindern. Wenn Sie in einem Aquarium Sand aufwühlen, werden Sie eine kurze Zeit nichts deutlich erkennen können. Die Fische und die Pflanzen - oder in unserem Kontext: das Potenzial, das Talent - sind zwar noch da, aber der Blick wird durch den aufgewirbelten Sand etwas getrübt. Auch die Prüfungen, werden sie richtig durchgearbeitet, wirbeln Staub und Sand auf. Man sieht nichts - Nebel.

Doch mit der Zeit setzt sich der Sand, und alles lichtet sich. Man sieht klar. Somit kann die Undurchsichtigkeit sogar als die Voraussetzung für die Klarheit definiert werden.

Das Samenkorn ist ein nur allzu treffender Vergleich. Es muss im Dunklen ruhen, bevor es die Chance hat, die Sonne des Lebens zu genießen. Doch schon in der dunklen Erde liegend, im Schutz seiner Hülle, hat es bereits alle Fähigkeiten, alle Potenziale, die es braucht, um zu einer Pflanze heranzuwachsen. Bevor es aber die ihm von der Natur gegebene Möglichkeit nutzt, muss es bereit sein, seine Hülle aufzubrechen. Und nun stellen Sie sich einmal vor, das Samenkorn empfände diese Veränderung als Verlust, nicht als Erweiterung seines Daseins. Es hielte an seiner alten Zustandsform fest und könnte niemals eine wunderbare Pflanze werden.

Ausgehend von dieser Metapher scheint also die Akzeptanz der Dunkelheit die erste Voraussetzung zu sein, um sein Talent zu entfalten und die Faszination des Lebens genießen zu können. Daraus folgt dann die zweite Voraussetzung: die Bereitschaft, die Dunkelheit zu verlassen.

Man muss es wagen, eine Zäsur zu machen, aus der derzeitigen Lebensform auszubrechen. Nur so können Sie die Sonne des Lebens, Ihre Talente und die daraus erwachsende Begeisterung genießen.

Wer aber die Dunkelheit und die Verwandlung scheut, wird die fehlende Lebensfreude kompensieren. Und das Angebot in einer Welt der Äußerlichkeiten ist reichhaltig: Neben den Ablenkungen durch Video, Alkohol, Drogen oder gar Essen gibt es noch die Rechtfertigungen, die Schuldzuweisungen, die leeren Phrasen. Und begleitet von einem tiefen Seufzer können Sie von solchen Menschen häufig hören:

- Das nächste Mal ...
- Es ist eben so ...
- Was soll man tun ...
- Man kann ja doch nichts ändern.
- Den anderen geht es auch nicht besser.

Das Leben dieser Menschen ist mit der Besatzung eines Schiffes vergleichbar, das durch einen Eisberg leckgeschlagen wurde. Statt die Schotten zu schließen, um weiterfahren zu können, konzentrieren sich alle auf das Loch und sehen zu, wie immer mehr Wasser hereinfließt. Und währenddessen wird gejammert, lamentiert und der für diese prekäre Situation Verantwortliche gesucht.

Aber was ist mit denen, die sagen: „Je mehr ich habe, umso besser geht es mir“ > Sie werden bis zum Lebensende dem Glück nachjagen, denn ganz gleich, was sie bekommen, sie werden immer mehr haben wollen: mehr Häuser, mehr Geld, mehr Aktien, mehr Freunde, mehr Gesundheit, mehr Bewusstsein, mehr Erfolg. Die Glücksgleichung des Lebens „Je mehr ich habe, desto besser geht es mir“, ist eine Illusion. Gleich, was erreicht wird, das Glück wird immer da vermutet, wo man noch nicht ist.

Diesen Menschen geht es wie dem Verkäufer, der so gerne Verkaufsleiter wäre, denn er verspricht sich davon, dann endlich glücklich zu sein. Er arbeitet hart, strengt sich an, und eines Tages wird er tatsächlich Verkaufsleiter. Aber: Das Glück stellt sich nicht ein. Also strengt er sich weiterhin an, arbeitet noch härter, denn er ist überzeugt, dass es dem Geschäftsführer bei weitem besser geht als dem Verkaufsleiter. Nun, so einfach ist es nicht, Geschäftsführer zu werden, und über viele Jahre hinweg schuftet er, müht sich ab, plagt sich. Dann endlich hat er es geschafft. Er ist Geschäftsführer. Und das Glück? Das Glück stellt sich auch jetzt nicht ein. Also weiter arbeiten, weiter schuften, denn es gibt ja noch den Vorstand! Wieder gehen Jahre ins Land, die Haare werden grau, und plötzlich sitzt er im Vorstand. Doch das Glück lässt noch immer auf sich warten. Aber es gibt ja noch die Position des Vorstandssprechers, des Aufsichtsrates, des Sprechers des Aufsichtsrates ... Eines Tages hat er auch diese Position erreicht, und auf einer ziemlich langweiligen Veranstaltungen lernt er jemanden kennen, der ihn fragt: „Hätten Sie nicht Lust in einer anständigen Company diesen Job zu machen?"

Ob dieser Mensch in seinem Leben wirklich jemals Glück erfährt, ist zu bezweifeln. Glück ist nicht abhängig von Besitz, Image und Karriere. Sicherlich können solche Menschen nicht behaupten, sie führten ein glückliches Leben.

Aber was ist eigentlich Glück, was macht Begeisterung im Leben aus? Auf der nächsten Seite sehen Sie eine Grafik, die dieses veranschaulicht.

Wie Sie sehen, tauchen Begriffe wie Besitz, Karriere und Ähnliches in dieser Grafik gar nicht auf. Wohl aber eine Skala für die Fähigkeit, „Ja" zu sagen, zu dem was ist. Glück ist gleichzusetzen mit einer Lebensbegeisterung, die nur dann zu hundert Prozent entstehen kann, wenn Sie mit allem, was Sie sind, tun und erleben auch hundertprozentig übereinstimmen.

Ja!

Aber, was passiert in den vielen Situationen, in denen etwas anderes geschieht, als Sie erwartet haben? Was ist, wenn nicht Sie, sondern ganz entgegen Ihrer Erwartungen Ihr Kollege den ersehnten Auslandsjob bekommt? Was geschieht, wenn Sie unvorhergesehen arbeitslos werden, wenn Ihr Lebensgefährte Sie verlässt, Ihr Kind in die Drogenszene abrutscht, Sie unverschuldet in große finanzielle Not geraten? Was ist in all den Situationen, die wir nun einmal nicht als Glück bezeichnen?

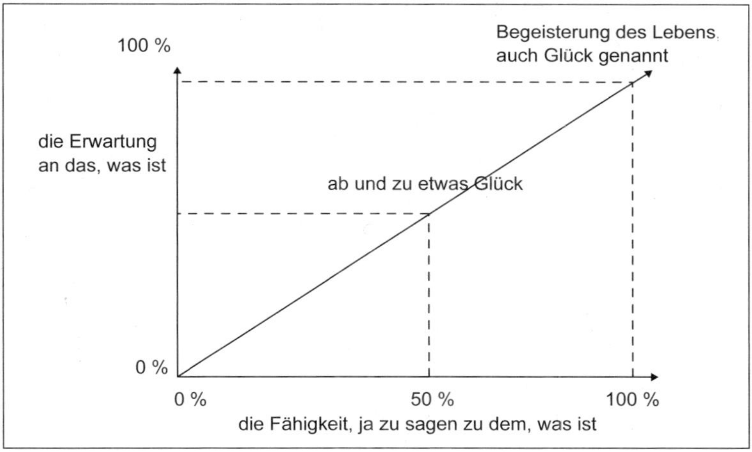

Es gibt in unserer Sprache ein kleines Wort mit großer Wirkung: Ja! Dieses Ja gibt Power, motiviert zum Handeln. Es ist kein zaghaftes „Ach ja ...“, meist begleitet von einem Seufzer und resigniertem Achselzucken. Es ist ein kraftvolles ja, das aus dem tiefsten Inneren kommt und das, was ist, annimmt als etwas, was nun einmal ist - ohne Gezeter, ohne Klagen, ohne Entmutigung.

Jedes Nein richtet die Aufmerksamkeit auf das vermeintlich Negative. Es führt in einen ausweglosen Kampf gegen das Gegebene oder in die Entmutigung und Niedergeschlagenheit. Ein Nein konzentriert sich auf das, was nicht geschätzt wird, und raubt die Energie für Veränderung.

Ein deutliches ja hingegen akzeptiert ganz einfach das, was ist, und das Interesse richtet sich ganz auf die Auflösung der Schwierigkeiten, auf Mittel und Wege, um eine Veränderung zum Besseren zu bewirken.

Wenn Sie zu dem, was gerade ist, ein klares und eindeutiges ja sagen können, gleichgültig ob Sie gerade im Minus- oder im Plusbereich Ihres Lebens sind, dann leben Sie in einem Zustand des Glücks. Sie akzeptieren das, was ist, und ergehen sich nicht in unendlichen Lamentos über das, was besser, schöner, erstrebenswerter wäre. Also: Glück ist die Akzeptanz dessen, was ist.

Glauben Sie nicht, dass wir Ihnen hier vorschlagen, in stoischem Gleichmut und mit Gleichgültigkeit alles hinzunehmen, was Ihnen widerfährt. Das wäre keine Motivation, die Lage zu verändern. Wenn Ihnen etwas Unliebsames widerfährt, dann schimpfen Sie, toben Sie, lassen Sie Dampf ab. Und dann wenden Sie sich dem ja zu. Denn das, was geschehen ist, können Sie nicht mehr ändern. Aber Sie können morgen und vielleicht sogar schon im nächsten Moment etwas Neues, Positives bewirken.

Um diese Fähigkeit aber zu haben, ist es notwendig, dass Sie Ihre Talente aufspüren. Auf der damit geschaffenen Basis können Sie Ihre Lebensvision gestalten, daraus Ziele ableiten und in Handlungen umsetzen, die dann zu den gewünschten Resultaten führen. Denn eigentlich gibt es im Leben nur zwei Dinge, die wichtig sind: Erstens das zu bekommen, was man will, und zweitens, sich daran zu erfreuen.

Das Setzen von Zielen - in der Management-Welt so heiß geliebt und inzwischen auch auf die persönlichen Bereiche übertragen - kann also nur dann eine Lösung bieten, wenn der Ausgangspunkt das eigene Talent und die daraus abgeleitete Vision ist. Keine Vision kann lebenserfüllend sein, wenn sie nur der Oberflächlichkeit fremdbestimmter, aufgedrückter Lebensprogramme entspricht.

Die Prüfungen ab Seite 59 sind der Schlüssel, der die Tür zu diesen wesentlichen Einsichten öffnen kann. Und damit öffnen Sie sich ein bisher verschlossenes Reich, können ein verzaubertes, verwunschenes Schloss entdecken, hinter dessen Mauern Sie Ihre Authentizität finden werden. Wagen Sie es, weise zu sein. Denn wer die Stunde des rechten Lebens hinausschiebt, gleicht einem Menschen, der darauf wartet, dass der Fluss versiegt, bevor er ihn überschreitet.

2. Der Schock, die Zäsur

Rites de passage

Ist es nicht so, dass manche Menschen erst nach einer Lebenskrise, einem Schockerlebnis oder einer Katastrophe den richtigen Weg zur Meisterung ihres Lebens gefunden haben und zu einer Zäsur bereit waren? Wenn Sie die Bedeutung des Wortes „Katastrophe" kennen, wissen Sie, dass eine „Wendung", eine „Umkehr" - das nämlich ist die Bedeutung des Wortes - fast zwangsläufig die Folge eines solchen, meist negativ bewerteten Erlebnisses ist.

Nun sollten Sie natürlich nicht abwarten, bis Sie durch äußere Umstände in eine Krise geraten. Wer sein Leben nicht in Zerrissenheit oder gar Depressionen verbringen will, für den ist es unverzichtbar, jetzt eine Zäsur zu setzen. Nicht in finanziellen, materiellen Bereichen, sondern in seinem Inneren, in seiner Seele. Denn Persönlichkeitsentwicklung heiß Arbeit an sich selbst, nicht Arbeit für sich selbst.

Eine Zäsur ist ein Einschnitt, sie stoppt den Fluss des bisherigen Lebens, reißt es aus dem gleichmäßigen Takt. Das klingt zuerst einmal beunruhigend. Wenn Sie sich aber vorstellen, Sie sollten ein sehr langes Gedicht vortragen und dabei tunlichst im Takt bleiben, würden Ihre Zuhörer sich nach kurzer Zeit wohl gelangweilt von Ihnen abwenden. Wenn Sie das Gedicht jedoch so vortragen, dass es einen Rhythmus bekommt, also sprachlich gestaltet wird, dann wird es erfüllt mit Leben. Lange und kurze Silben, betonte und unbetonte Wörter, Sprechpausen - das sind die Mittel, die Zäsuren, mit denen Sie den gleichmäßigen Takt unterbrechen. Erst der Rhythmus holt Ihren Vortrag aus der Monotonie, macht ihn lebendig. Wenn Sie sich also ein Leben ohne Eintönigkeit und Langeweile wünschen, wenn Sie aus der ewig gleichen Kontinuität herauskommen wollen, dann müssen Sie Ihrem Leben einen Rhythmus geben. Und dazu brauchen Sie Zäsuren.

Nichts anderes als eine Zäsur, eine Unterbrechung des bisherigen Lebens, sind alte, teilweise noch heute gültige Initiationsriten mancher Völker. Diese Übergangsriten, die „Rites de passage“, markieren den Beginn eines neuen Lebensabschnitts. Der junge Mensch erfährt eine Zäsur, er wird aus dem Gleichmaß seines gewohnten Umfeldes genommen. Prüfungen warten auf ihn, er muss Rituale vollziehen, manchmal auch Schmerzen erleiden. Aber erst dadurch wird es ihm möglich, Ab schied von der Kindheit zu nehmen und die Welt der Erwachsenen zu betreten.

In unserer Gesellschaft, die wir als hochkultiviert bezeichnen, ist das Erwachsensein eine kontinuierliche Fortsetzung der Kindheit und Jugend. Oder wissen Sie, woran Sie festmachen können, dass Sie erwachsen geworden sind? Sicher, unser Staat hat ein Alter festgeschrieben, ab dem man als erwachsen gilt. Aber ob das reicht? Noch nicht. Und ebenso wenig reicht es, dass man die Schule beendet, einen Beruf erlernt oder ein Studium absolviert hat.

Uns fehlen einfach die bei Naturvölkern oder von alten Kulturen sehr ernst genommenen Übergangsriten. Uns fehlen die Zäsuren, die unserem Leben einen neuen Rhythmus geben. Das kann natürlich nicht innerhalb von wenigen Stunden passieren und schon gar nicht dadurch, dass Sie nur im Kopf entscheiden, Ihrem Leben eine Wandlung zu geben. Nicht ohne Grund dauerten Initiationsriten mehrere Monate bis zu fast einem Jahr.

Diese Zeit galt als ein Aufstieg in das Reich der Erkenntnis, einer „Königsweihe“ vergleichbar. Eine Folge einschneidender Erlebnisse, ausgefüllt mit Dramatik und feierlichen Ritualen, führten den Erwachsenen in spe auf ein neues Lebensniveau und bereiteten ihn auf einen neuen Lebensabschnitt vor, mit all den dazugehörenden Pflichten und Aufgaben.

Der längere Aufenthalt an bestimmten Orten, Schlafentzug, Schweigen, symbolische Tötung des alten Körpers und sogar körperliche Verletzungen waren die Mittel, die ein Trennen, Reinigen, Zusammenführen ermöglichten. Gleichzeitig erfuhr der Mensch aber auch geistige Unterweisungen, wurde in Geheimnisse eingeweiht, die nur den Erwachsenen vertraut waren, musste sich immer wieder beweisen und überwand damit den sehr beängstigenden Übergang vom Nicht-Erwachsenen zum Erwachsenen.

Diese Übergangsriten, eine künstliche Zäsur, eine gezielte Unterbrechung, führten fast immer zu einem Loslassen der alten Welt, auch zu einem Lösen von den Eltern und deren Programmen. Diese künstliche Zäsur im Verlauf des bisherigen Lebens war ein Reise zum Herzen, eine Zeit des Nachdenkens über sich selbst, eine Chance, sich auf das Notwendige zu besinnen, unabhängig von Herkunft oder Beziehung zur Außenwelt. Es war der Rückzug zum Anfang, eine zweite Geburt.

Nun darf man sich wirklich einmal die Frage stellen, warum die Urvölker mit ihren durchaus sinnvollen Ritualen als primitiv bezeichnet werden. Ist es nicht viel primitiver, auf diese Riten zu verzichten und darauf zu hoffen, dass sich der Übergang von allein ergäbe, und wenn nicht, dann habe man Pech gehabt? Uns Heutigen fehlt das hohe Bewusstsein für diesen Entwicklungsschritt, uns fehlen die Rituale. Ging man früher noch auf Wanderschaft, um die Welt zu erleben, Neues zu erfahren, sich selbst und seine Möglichkeiten kennen zu lernen, haben wir heute dafür keine Zeit. Aus Zeitmangel wird die wichtigste Phase unseres Lebens, nämlich unser Selbst zu finden, schlicht und ergreifend übersehen.

Wie wollen Sie Ihrem so schön gestalteten, aber zum Teil leider verfälschten Ich die Maske herunternehmen, um das darunter verborgene authentische Ich zu finden? Wie wollen Sie diese unsichtbare innere Welt erkennen und die faszinierende Einzigartigkeit des Erwachsenseins spüren? In unserem Verständnis heißt Erwachsensein sein wirkliches Talent zu leben. Und mit 40 sollte man schon so weit sein. Denn sonst besteht die Gefahr, dass man in der Gewöhnung versinkt und sein Talent niemals erwischt. Der Rest des Lebens wäre dann der Methode „Weihnachtsmann" gewidmet: Je glänzender die Verpackung, desto bescheidener der Inhalt.

Erst als Erwachsener, als wirklich Erwachsener, können Sie Ihrer menschlichen Größe gewahr werden und sie leben. Solange Sie Kind sind, und Kind steht hier für ein Leben mit den von anderen vorgegebenen Programmen, können Sie Ihren eigenen Erfahrungen nicht vertrauen, Ihre individuellen Vorstellungen nicht leben.

Vielleicht stehen Sie jetzt vor einem beängstigenden Übergang, je nachdem, wie sehr Sie bereit sind, Ihr Leben zu verändern und dadurch sich selbst näher zu kommen. Leider können sich wohl die wenigsten von uns ein Jahr Auszeit gönnen, um sich mit sich selbst und dem Übergang zu beschäftigen. Und auch die „gute alte Zeit" mit ihren Lehr- und Wanderjahren gibt es nicht mehr. Wie also können Sie diesen Übergang gestalten?

Nun, es ist nicht unbedingt nötig, dass Sie sich in die Abgeschiedenheit begeben oder sich gar Verletzungen zufügen. Aber die Beschäftigung mit sich selbst, mit den eigenen Zielen und Visionen mag für manche doch seelischen Schmerz bedeuten. Und viele Stunden der Übergangszeit werden Sie mit sich allein verbringen müssen. Insofern können Sie die Prüfungen als Rites de passage, als eine Selbsterfahrung mit dem Charakter der Selbstinitiierung betrachten.

Sie glauben, gegenwärtig nicht genügend Zeit dafür zu haben? Sie wollen lieber warten, bis Sie den Kopf frei haben, zum Beispiel im nächsten Urlaub? Sie wollen erst noch einige andere Dinge klären, bevor Sie mit der Arbeit beginnen? Wenn Sie einen tiefen inneren Wunsch nach Veränderung fühlen, wenn Sie Ihrem eigenen Talent näher kommen wollen, dann beginnen Sie jetzt, und nur jetzt.

Warten Sie nicht, bis irgendwelche Umstände Ihnen geeignet erscheinen oder das so genannte Schicksal Sie zu einer Umkehr zwingt.

Wenn Sie sich entschieden haben, Ihr Leben mit Motivation und Begeisterung zu füllen, gibt es keinen geeigneteren Zeitpunkt als: Jetzt!

3. Erwachsen werden

Erwachsen zu sein heißt, für die eigenen Standpunkte die Verantwortung zu übernehmen. Erwachsen zu sein heißt aber auch, das eigene Potenzial durch das Finden seines Talentes umzusetzen, das eigene Ich, den Wesenskern, zu erkennen. Denn erst daraus kann die Fähigkeit erwachsen, tatsächlich die Verantwortung zu übernehmen.

Wer ist es denn, der Ihnen im entscheidenden Moment wie eine unsichtbare Spukgestalt warnend zuflüstert: Lass das ..., das geht nicht ..., das kannst du nicht ..., dafür bist du nicht klug genug..., das traust du dir niemals zu ... ? Nein, nicht Sie selbst sind es, der diese Gedanken hervorbringt. Es ist das Gespenst Ihrer Vergangenheit.

Mit dem ersten Atemzug tauchten Sie ein in die Welt der Fremdbestimmung. Das mochte in der ersten Lebensphase zum großen Teil recht angenehm sein. Denn es war immer jemand da, der Sie beschützte, tröstete, vor Gefahren warnte, zu manchen Dingen ermunterte, und bei artigem Verhalten wurden Sie gelobt und bestätigt.

Die Kehrseite aber ist, dass jede Warnung, jede Bestätigung, Ermunterung und jedes Lob die Programme gestaltete, die Sie zum großen Teil auch heute noch in Ihrem Kopf haben.

Sie kennen doch sicher das „schöne Händchen", das wir den lieben Mitmenschen zur Begrüßung reichen. Das entspricht zwar den gesellschaftlichen Umgangsformen, ist für linkshändige Kinder aber äußerst schwer umzusetzen. Wenn so ein kleines Menschenkind reflexartig dann doch immer wieder die linke Hand zum Gruß hinhält, gibt's vielleicht auch schon mal einen Klaps. Aber wenn dann endlich das fremdbestimmte Programm „Rechte Hand zum Gruß reichen" sitzt, dann wird es bestätigt und gelobt, obwohl dieses Programm nicht seiner Individualität entspricht. Das ist zwar ein harmloses fremdbestimmtes Programm, aber stellen Sie sich einmal vor,

Ihnen sei ebenso penetrant eingeimpft worden, Menschen mit schwarzen Haaren seien höchst gefährlich!

Die unbewusste Übernahme vorgegebener Programme kann nicht nur gefährlich sein, sie macht auch hilflos und unfähig, auf eigenen Füßen zu stehen: Der Mann, der wieder zu seinen Eltern zieht, wenn seine Frau ihn verlässt; die Tochter, die noch mit 30 Jahren täglich ihre Mutter aus dem Urlaub anruft, nur um zu fragen, wie es denn so zu Hause aussieht ... Schauen Sie sich um in Ihrem Freundes- und Bekanntenkreis, Sie werden genügend Beispiele dafür finden, wie abhängig die Übernahme der Elternprogramme machen kann. Egal, wo diese Leute in der Zukunft ankommen werden, ihre Vergangenheit wird sie schon grinsend erwarten. Sie verharren in der Heimat ihrer Gewohnheiten: der Vergangenheit.

Doch natürlich sind es nicht nur die ersten Lebensjahre, während derer wir von den Eltern geprägt werden. Es folgen die Lehrer, die Ausbilder, die Professoren, die Chefs. Aber auch Freunde, Bekannte, Kollegen. Jeder sagt uns, was richtig sei. Wir werden unser Leben lang vollgestopft mit Informationen, wie wir uns zu verhalten haben, was wir denken und glauben sollten. Wir werden geformt nach dem Bild derjenigen, mit denen wir zu tun haben. Wir werden erzogen, programmiert. Wie soll da ein Mensch wissen, wer er ist und was er will? Wehe dem, der sich nicht selbst gefunden hat! Er versinkt in dem Morast der Fremdbestimmung. Er hat gar keine Chance, durch eigene Erfahrungen sich selbst zu finden. Denn all die warnenden Stimmen in seinem Kopf sagen ihm, was er zu tun, denken, glauben habe. Ein solcher Mensch lebt in einer illusorischen Identität, in der er sich fremd und unglücklich fühlt und nicht mehr sein kann als ein ohnmächtiger Beobachter seiner eigenen Vergangenheit.

Kein Mensch kann einem anderen dessen wahre Identität geben. Und wenn keine Chance kommt, sie zu finden, das eigene Potenzial auszuschöpfen, bleibt die Abhängigkeit von den alten Programmen. Die Quintessenz: Wenn das Eigene nicht gefunden wird, ist der Mensch uneinig mit sich selber. Doch schnell wird dieser Unglückliche seinen Feind finden: das Schicksal. Und mit dem gilt es dann zu hadern.

Alte Programme, überholte Lebenseinstellungen vertragen sich nicht mit dem schlafenden Talent, dem wahren Lebenstraum und Lebensraum. Wer sich nicht selbst gefunden hat, dem können auch die schönsten, nach außen dokumentierten Erfolge im Beruf oder die größten Vermögenserrungenschaften nur ein schales Gefühl vermitteln. Die Faszination des Lebens aber wird ihm nicht geschenkt.

In welcher Lebensphase Sie sich jetzt auch befinden mögen, Sie können sich selber finden, Sie können Ihre potenziellen Talente wecken, die in der Kindheit und im Verlauf des späteren Lebens gespeicherten Lebensanweisungen verlassen. Im Klartext: Sie können sich von der Fremdbestimmung lösen und eintreten in das beglückende Reich der Eigenbestimmung. Sie können selber Ursache ihres Lebens werden, Ihre eigenen Programme gestalten. Sie können zum zweiten Mal geboren werden und Ihr Leben nach dieser zweiten Geburt selbst gestalten. Sie können endlich das eigene Selbst finden.

Aber Sie müssen sich von Ihren Eltern, Ihren Lehrern, von all den Menschen lösen, die Ihre Standpunkte bestimmt haben. Denn die Herkunft des Menschen liegt weder in der Vergangenheit noch in der Zukunft. Die Herkunft liegt in der Identität, die sich gestaltet aus den Potenzialen, den Talenten, die wir in uns tragen. Sie sind erst dann wirklich erwachsen, wenn Sie weder Echo der Herde noch Erfüllungsgehilfe der Elternprogramme sind.

Das heißt natürlich nicht, die Eltern nie mehr wiederzusehen, sich von Menschen zu trennen, die man lieb gewonnen hat, oder den Job zu kündigen, um den Kreis der Kollegen zu verlassen. Gemeint ist hier ein geistiges und seelisches Lösen.

Und sollte dann der Moment kommen, in dem Sie sich einsam fühlen, verwirrt oder verzweifelt, der Moment, in dem Sie merken, dass Ihre Beziehungen, welcher Art auch immer sie sein mögen, eher eine Farce als aufrichtige zwischenmenschliche Bindung sind, denken Sie an das vorher erwähnte Aquarium: Der Sand wird sich setzen, die Dunkelheit wird sich lichten. Der Aufbruch zu den Horizonten des eigenen Lebens beendet die rastlose Suche nach der Zufriedenheit in den falschen Revieren der Außenwelt.

Die Würde des erwachsenen Menschen ist keine Bringschuld, sie ist eine Holschuld. Sie sollten nicht länger die Fesseln der alten Programme dulden. Machen Sie also einen Stopp, setzen Sie eine Zäsur und begeben Sie sich auf die verheißungsvolle Wanderschaft zu Ihrem eigenen Ich, um den Ihnen gebührenden Raum für das eigene Leben zu finden.

Die eigenen inneren Räume entdecken, die Seele frei werden lassen, einem faszinierenden Leben Raum geben, all das ist möglich mit Hilfe der 49 Prüfungen dieses Buches. Sie sind und werden immer mehr Ihr eigener Helfer und brauchen nicht wie in der ersten Lebenshälfte die anderen Helfer. Sie lernen durch eigene Erfahrungen und Erkenntnisse sich selbst und das, was nützt oder nicht nützt, zu erkennen. Sie werden zum Regisseur, Schöpfer und Akteur Ihres Lebens.

Ergreifen Sie die Initiative! Initiieren Sie, ohne von anderen Menschen oder den Gegebenheiten dazu aufgefordert zu sein. Tun Sie etwas aus Ihrem schöpferischen Talent heraus, lassen Sie herausbrechen, was in Ihnen steckt. Das muss nichts Großes und Außergewöhnliches sein. Aber weil es der Tiefe Ihres Seins entspricht, entzündet es in Ihnen einen Funken, der sich zu einem inneren Glühen ausbreiten wird.

Fragen Sie sich: Was gab Ihnen bisher den Antrieb, etwas zu tun. Sicher gibt es da ein Vielzahl von Möglichkeiten:

1. Eine Autorität, eine charismatische, ehrgeizige Person sagt Ihnen, wo es langgeht. Sie trauen ihr zu, dass sie weiß, was richtig ist. Sie orientieren sich an ihr, Sie glauben und vertrauen ihr.

2. Sie haben einen fantastischen Einfall, vielleicht für einen Start-up, für eine Business-Idee. Sie sind fasziniert von dieser Idee und

folgen ihr, weil Sie überzeugt sind, damit etwas erreichen zu können.

3. Sie haben einen Plan entwickelt, arbeiten für etwas, tun es, um ein Ergebnis zu erzielen. Sie möchten etwas erledigen.

4. Sie haben mit jemandem einen Vertrag abgeschlossen, eine Übereinkunft getroffen. Sie tun etwas, weil Sie es vereinbart haben.

5. Sie fühlen sich der Kultur verbunden, in der Sie aufgewachsen sind. Es kann auch Ihr so genanntes Vaterland oder ein vereintes Europa sein. Sie tun etwas dafür, weil es mit Ihrer Ideologie übereinstimmt.

6. Sie haben eine religiöse Orientierung. Sie fühlen sich einem Moralkodex auf der Basis der frommen Dogmen verpflichtet. Sie wollen in den Himmel, und weil Sie in den Himmel kommen wollen, müssen Sie im Leben dieses und jenes tun als Vorbereitung dafür, dass Sie nach Ihrem Tode tatsächlich in den Himmel kommen.

7. Sie folgen einem Ideal: Da ist ein Mensch, der Ihnen durch das gefällt, was er tut, und Sie möchten so sein wie er. Also leben Sie wie er mit der Erwartung, so zu werden wie er.

8. Sie werden gezwungen, etwas zu tun. Sie fürchten sich, denn wenn Sie es nicht tun, drohen Ihnen harte Strafen.

9. Jemand belohnt Sie, wenn Sie etwas Bestimmtes tun. Sie gewinnen etwas, wenn Sie es tun.

10. Sie befinden sich in einer Routine, sind gut darauf gedrillt. Unbewusst erfüllen Sie die erwarteten Muster. Ohne darüber nachzudenken läuft das Programm in Ihnen ab.

11. Sie begeistern sich für eine Sache. Und es befriedigt Sie, weil Sie etwas haben, was Sie tun, weil Sie begeistert sind.

12. Sie unternehmen etwas mit Freunden zusammen.

13. Sie tun etwas aus der Disziplin heraus. Das allerdings bedingt Kontrolle, Überwachung, wenn nicht gar Unterdrückung des Selbst. Denn Selbstdisziplin stößt fast immer auf einen inneren Widerstand.

14. Sie möchten nicht auffallen. Deshalb passen Sie sich an und handeln wie andere.

Fällt Ihnen etwas auf? Alle genannten Punkte geschehen nicht aus eigenem, kreativen Wollen. Sie geschehen aus Konformität, Gehorchen und Glauben. Doch nicht die Angst vor der Arbeitslosigkeit darf das Handeln lenken, nicht die Angst vor dem Tod, nicht die Befürchtung, von anderen abgelehnt zu werden, nicht um der Tradition willen, die in enge Bahnen schlägt.

Eine selbst auferlegte oder anerzogene Disziplin im Sinne von Unterordnung, Drill, falscher Moral und verlogenen Sitten steht im krassen Widerspruch zu einem Denken und Handeln, das dem eigenen Sein entspricht. Lehnen Sie sich auf gegen alles, was Sie einschränkt und einengt: Religionen, Traditionen, gesellschaftliche Normen, anerzogene Denkmuster und dergleichen mehr. Das ist äußerst wichtig, wenn Sie Ihre Talente leben wollen. Es ist wichtig, dass Sie alles Denken und Handeln aus sich selbst heraus tun, mit Freude und Spaß, Motivation und Begeisterung. Wenn Sie in Ihren Talenten leben, dann ist es natürlich, dann ist es leicht, dann geschieht es aus einer inneren Freiheit heraus, die keine Angst kennt.

Um zu dieser leichten Art der Existenz zu finden, ist es wesentlich, dass Sie für sich selbst herausfinden, um was es in diesem Leben geht. Verlassen Sie sich nicht auf das, was andere meinen herausgefunden zu haben. Der Antrieb muss von Ihnen kommen, von Ihnen entwickelt werden. Es muss Ihr Brennstab sein, Ihre Fackel, Ihr Feuer, Ihr Fieber - und nicht ein Tunnel, in den andere Sie hineinschicken.

Das Frosch-zu-Prinz-Wunder

Es mag Sie vielleicht erstaunen, dass wir an dieser Stelle kurz auf die Bedeutung von Märchen, Mythen und Sagen eingehen. Aber Geschichten erzählen sehr anschaulich von den Schritten des Erwachsenwerdens, von dem Schock, zu sich selbst, zu seiner Identität zu finden.

Die Strukturen all dieser Erzählungen sind immer wieder vergleichbar: In der ersten Lebensphase ist der Held der Geschichte angewiesen auf vermeintliche Helfer, die ihm das Überleben ermöglichen oder ihn in entsprechenden Überlebensprogrammen unterweisen. Danach erlebt der Held eine Phase des Aufwachens durch eigenes Nachdenken. Er wird entzaubert. Und entzaubert heißt hier, er findet zu sich selbst, er wird aus einem Dornröschenschlaf erweckt durch den Kampf mit bösen Mächten. Seien es Hexen, Zauberer oder Drachen, sie stehen als symbolische Figuren für die Auseinandersetzung mit den Fremdbestimmungen, den alten Programmen. Sie gilt es zu bekämpfen und zu besiegen. Erst dann ist der Held frei von äußeren Einflüssen und hat seine wahre Identität gefunden. Erst jetzt ist er nicht mehr auf die Hilfe von außen angewiesen, sondern fähig, sich selbst zu helfen.

Unzählige Beispiele dazu sind in alten Überlieferungen zu finden:

- Jasons Argonautenfahrt, um das Goldene Vlies zu holen,
- Parzivals Entwicklung vom naiven Unwissenden zum Gralskönig,
- Gilgamesch, Herrscher von Uruk, der unzählige Leiden erfahren und innere Zerrissenheit kennen lernen musste, bevor er sein Lebensziel, das ewige Leben, erlangte.

Sie alle mussten viele Gefahren überwinden, bevor sie das eigene Königreich, das Lebensglück, finden durften und in den Besitz ihrer Lebensschätze kamen. Talente, Ziele und Visionen sind die wertvollsten Lebensschätze, die ein Mensch gewinnen kann. Doch leider werden sie auch heute noch bewacht von gefährlichen Drachen, von bösen Hexen und Zauberern, von garstigen Dämonen oder Teufeln. Doch diese uns übel gesonnenen Kräfte sind nichts anderes als die Finsternis, die Unwissenheit, die Bewusstlosigkeit, die Müdigkeit in unseren Köpfen, die wie bösartige Wächter das Tor zu den Talenten bewachen.

Sie sind der Held in dem Märchen, das da Leben heißt. Und auch Sie haben Drachen, Hexen oder Zauberer zu bekämpfen: die von anderen übernommenen Programme Ihres bisherigen Lebens. Die Dramatik dieses Kampfes, dieser zu bestehenden Prüfungen, bleibt keinem erspart, wenn er sein Potenzial leben möchte. Denn nur dann, wenn das alte überwunden und besiegt ist, haben Sie die Macht über Ihr eigenes Leben, können Sie Ihre Fähigkeiten und Talente leben.

Und so muss auch in unserer ach so aufgeklärten Welt immer noch ein Kampf stattfinden, Gefahren müssen bestanden und Feinde besiegt werden. Und glauben Sie mir: Es gibt keine bedrohlicheren Feinde als Lebensprogramme und Glaubenssätze, die nichts mit dem eigenen Ich zu tun haben. Doch denken Sie daran: Nur aus der Dunkelheit heraus kann man das Licht sehen. Nur die Gefahr erweckt aus dem Dornröschenschlaf, rüttelt das Potenzial wach, entzaubert das Verzauberte.

Teil B

Das eigene Talent erkennen

Starten Sie nun die Entdeckungsreise durch sieben Prüfungszyklen mit insgesamt 49 Prüfungen, 49 Chancen, Ihr ruhendes, schlafendes Talent zu wecken. Es ist keine wissenschaftliche Reise, sondern eine äußerst intuitive. Weniger vergleichbar mit einer Studienreise durch die Metropolen der Welt, als vielmehr mit dem Kennenlernen selbst des kleinsten Winkels in Ihrer unmittelbaren Umgebung. Sie werden am Ende dieser Reise auch kein klar benennbares Gesamtresultat erzielen. Aber Sie werden faszinierende Innenräume kennen gelernt haben, eine innere Welt, die Ihnen durch die Konzentration auf die äußere Welt bisher vorenthalten blieb.

Jede Prüfung zielt auf ein bestimmtes Gewohnheitsmuster ab und testet, inwieweit dieses Gewohnheitsmuster zu verbessern ist. Tun Sie sich aber bitte selbst den Gefallen, nicht auf sofortige Veränderung zu drängen, wenn Ihnen etwas auffällt, was Sie verbessern möchten. Eine stabile Veränderung eingefahrener Muster können Sie meist nicht im Hauruck-Verfahren herbeiführen. Akzeptieren Sie Ihre Gewohnheiten und nehmen Sie vorerst einfach wahr, dass sie auftreten. Ist es eine Ihrer Gewohnheiten, dass Sie sich fürchterlich aufregen, wenn Ihnen im Straßenverkehr jemand zu nah auffährt, dann akzeptieren Sie, dass Sie sich aufregen. Nehmen Sie einfach wahr, was geschieht: Da fährt Ihnen jemand zu nah auf, Sie ärgern sich darüber und reagieren entsprechend. Das ist eine Gewohnheit, die Sie sicherlich verändern können. Aber: „Ab heute ärgere ich mich darüber nicht mehr", das hieße, Sie könnten jetzt sofort Ihr Gefühl verändern, das entsteht, sobald jemand zu nah auffährt.

Veränderungen lassen sich nicht übers Knie brechen. Akzeptieren Sie Ihre Gewohnheiten, und üben Sie sich in der Wahrnehmung. Anfangs mag das erst möglich sein, wenn die Situation, in der Ihr Gewohnheitsmuster zu Tage tritt, vorüber ist. Vielleicht erinnern Sie sich sogar erst am nächsten Tag daran. Aber je intensiver Sie sich in der Wahrnehmung üben, umso kürzer werden die Zeiträume zwischen dem Geschehen und der Wahrnehmung. Wenn schließlich nur noch Sekundenbruchteile zwischen dem Auftreten der Gewohnheit und der Wahrnehmung liegen, dann haben Sie den Punkt für die wirkliche Veränderung erreicht.

Auch die sieben Prüfungszyklen werden keine sofortige Veränderung bewirken. Jede einzelne Prüfung an sich hat keinen Wert. Sie bekommt ihren Wert erst dadurch, dass Sie etwas daraus machen, dass Sie etwas Neues gestalten, Resultate schaffen, die vorher nicht da waren. Und das wird nicht sofort oder zwangsläufig eintreten, sobald Sie das Buch durchgearbeitet haben. Betrachten Sie jede Prüfung als ein Projekt. Es beginnt, sobald Sie mit einer Prüfung anfangen, aber es hat kein Ziel, das unmittelbar erreicht werden kann. Sie arbeiten sich langsam vorwärts, von Meilenstein zu Meilenstein, bis Sie Ihr Ziel erreicht haben. Und dass Sie es erreicht haben, spüren Sie. Sie werden im tiefsten Herzen fühlen, dass Sie angekommen sind.

Klarheit über seine Talente zu gewinnen und sie zu aktivieren, ist keine Ad-hoc-Übung. Das wäre so, als würden Sie nur oberflächlich aufräumen, weil Sie wissen, dass Ihre Schwiegermutter zu Besuch kommt. Das aber ist kein Aufräumen in der Tiefe.

Jede Prüfung kann zwei gegenläufige Prozesse auslösen. Der erste Prozess, das Hinzufügen, ist vergleichbar mit der Arbeit eines Malers. Kein Maler vollendet erst eine kleine Ecke des Bildes, ehe er sich der nächsten zuwendet. Vielmehr wird er immer das Gesamtwerk im Auge behalten. Eines ergibt das andere, alles beeinflusst sich gegenseitig. Es gibt kein geniales Konzept. Die Genialität ist ein Prozess, sie wird geboren, entwickelt und immer wieder verfeinert.

Der zweite Prozess, der parallel zum ersten verläuft, ist das Wegnehmen: Ein Bildhauer nimmt dem Bestehenden, dem Alten, dem Gefestigten, etwas weg. Er arbeitet an dem unbehauenen Steinblock, bis er Form annimmt und aus einem groben Stein nach und nach eine wohlproportionierte Skulptur entsteht. Er schafft etwas Neues, etwas Einmaliges.

Ob Maler oder Bildhauer -- beide können ein großartiges Werk nur vollenden, wenn sie bereit sind zu Arbeit und Anstrengungen. Oft geht es nur langsam und mühevoll voran, aber es gibt auch diese beglückenden Momente, wenn plötzlich ein außergewöhnlicher Gedanke aufkeimt, Gestalt annimmt und sie sagen können: Ja, genau das ist es!

Ihre Arbeit bei den sieben Prüfungszyklen wird ähnlich sein. Sie werden etwas wegnehmen, hinzufügen, verändern, neue Ideen entwickeln. Alte Gewohnheiten werden aufgegeben, neue Denkmuster entwickelt, bisherige Ziele werden als unwichtig erkannt, Lebensvisionen verändert oder völlig umgeworfen. Sie werden immer wieder hier etwas wegnehmen, dort etwas hinzufügen. Aus nichts wird mehr, und aus viel wird weniger.

Das Ziel ist klar: Die Freilegung des Talentes, der Aufbau der Vision, die Ableitung von Zielen, um dann alles in Handlung umzusetzen. Aber was Sie sich zu Beginn vorgestellt haben, wird am Ende nicht unbedingt das Ergebnis sein.

Die Prüfungen sind einfach, schmucklos, ohne große Interpretationen. Trotzdem wird es sich nicht vermeiden lassen, dass Überraschungen eintreten, Unterbrechungen oder Einschnitte, vielleicht werden Sie sogar so etwas wie einen Schock verspüren.

Auch wenn Sie es jetzt noch nicht glauben wollen: Erst wenn Sie mit Kopf und Herz erkennen, dass derart negative Empfindungen durchaus bedeutende Veränderungen zum Positiven mit sich bringen, können Sie eine solche Situation akzeptieren. Und erst dann haben Sie die Chance zur wirklichen Veränderung. Erst jetzt kann eine Vision erwachsen, die Ihr Leben, Ihr Talent stützt.

Ein solch unangenehmes Erleben kann immer wieder passieren, wenn Sie die Prüfungen durcharbeiten. Lassen Sie sich davon nicht irritieren. Denken Sie bitte an die Erkenntnis: Nur durch die Dunkelheit kann man Licht sehen. Denken Sie an den Samen, der nur in der Dunkelheit seinen Keim entwickeln konnte und ihn dann durch die Erde presst, um im Licht die Möglichkeiten seiner Entfaltung gänzlich zu nutzen.

Was ist wirklich wichtig?

Bevor Sie mit dem ersten Prüfungszyklus beginnen, ist es sicherlich sinnvoll, erst einmal zu schauen, was jetzt und heute für Sie wichtig ist, welches Ihre derzeitigen Wünsche, Ziele und Visionen sind.

Im **ersten Schritt** stellen Sie sich zunächst einmal die Frage „Was ist mir wirklich wichtig?". Nehmen Sie sich für die Beantwortung ungefähr eine halbe Stunde Zeit. Das sollte ausreichen, um aufzuschreiben, was Sie in Ihrem Leben erreichen wollen.

Denken Sie erst gar nicht erst großartig darüber nach, schreiben Sie einfach auf, was Ihnen in den Kopf kommt. Das kann alles Mögliche auf der Welt sein, Sie brauchen sich in Ihren Antworten nicht zu beschränken. Überlegen Sie nicht, ob es machbar ist, schreiben Sie einfach alles auf, was Ihnen in den Sinn kommt. Und: Hören Sie auf Ihr Herz und lassen Sie nicht nur Ihren Kopf sprechen.

Es ist auch völlig unwichtig, wann Sie es erreichen wollen oder können, seien es Tage, Wochen, Monate oder Jahre ... Wichtig ist aber: Seien Sie völlig ehrlich bei dem, was Sie schreiben.

Bringen Sie tatsächlich Ihre kühnsten Träume, Ihre geheimsten Visionen, Ihre größten Herzenswünsche zu Papier! Trauen Sie sich ruhig, denn es geht hier erst einmal nicht darum, ob es im Rahmen des Möglichen liegt. Es geht darum, dass Sie Ihre verborgenen Talente erkennen, den Ihnen entsprechenden Visionen und den daraus abzuleitenden Zielen näher kommen. Und dafür sind Ihre Wünsche, Ihre Träume und all das, was Sie heute vielleicht als Illusion bezeichnen, die geeigneten Wegweiser.

Was ist mir wirklich wichtig?

Brain Mapping

Jetzt geht es weiter mit dem **zweiten Schritt**, dem Brain Mapping. Eine Stunde sollten Sie sich dafür schon gönnen. Nehmen Sie einen Bleistift und zeichnen Sie auf einem möglichst großen Bogen Papier, es kann ruhig Packpapier oder Ähnliches sein, einen Kreis. Dann schreiben Sie wie auf der nachstehenden Grafik dargestellt, „Was will ich wirklich?" hinein.

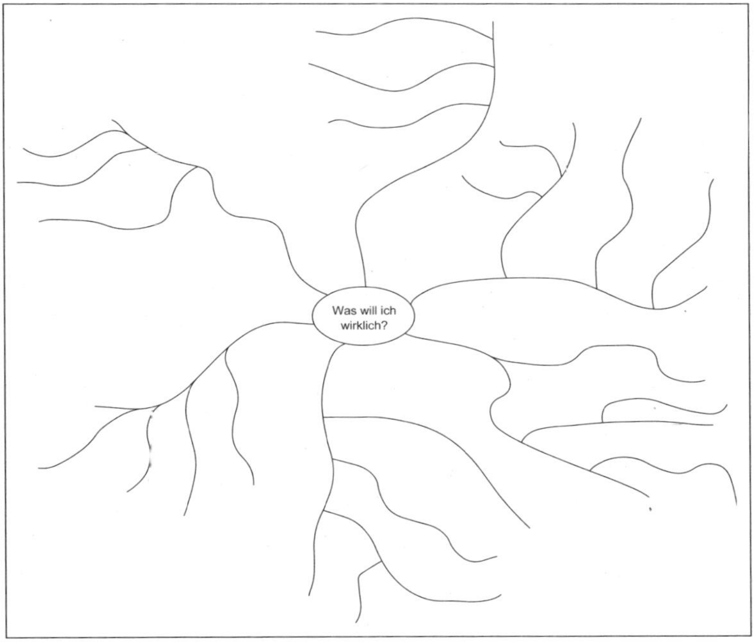

Überlegen Sie nun, welche Oberbegriffe sich aus dem, was Sie vorher aufgeschrieben haben, herausbilden lassen. Jeden dieser Begriffe schreiben Sie dann an eine von dem Kreis ausgehende Linie. Von dieser Linie zweigen kleinere Linien ab, an die Sie das schreiben, was sich dem jeweiligen Oberbegriff zuordnen lässt: Was ist die Voraussetzung, um dieses Ziel zu erreichen? Was wollen oder sollten Sie dafür tun? Und wenn es auch dafür noch etwas zu tun gibt, lassen Sie wiederum eine Nebenlinie abzweigen. Sollte beispielsweise als einer der gefundenen Oberbegriffe „Gesundheit" an einer Hauptlinie stehen, dann könnten vielleicht Diät, Sport und Schlaf an den Nebenlinien stehen. Von der „Diät"-Linie zweigen dann die Linien ab, auf die Sie schreiben, wie Sie die Diät umsetzen wollen: Auswahl der für

Sie geeigneten Diät, oder: Jede Woche ein Safttag, oder: Statt Schokolade Obst essen usw.

Dieses Brain Mapping begleitet Sie ab jetzt auf Ihrem Weg durch die Prüfungen.

Collagen

Für den **dritten Schritt** der Bestandsaufnahme nehmen Sie sich wieder mindestens eine Stunde Zeit.

Sie brauchen jetzt eine Schere, Klebstoff und einen großen Karton oder Papierbogen, möglichst im DIN-A3-Format, also einen doppelten Briefbogen. Dann nehmen Sie alles, was Ihnen mit möglichst vielen, bunten Abbildungen in die Hände fällt: Zeitungen, Illustrierte, Prospekte und Ähnliches. Nun fehlt eigentlich nur noch Ihre Lieblingsmusik, und schon kann's losgehen: Blättern Sie durch die Journale und Kataloge, und jedes Bild, das Ihre Ziele und Visionen darstellt, schneiden Sie heraus. Dann komponieren Sie nach Herzenslust aus den gefundenen Bildern eine Collage, die Ihre im Brain Mapping festgehaltenen Ziele und Visionen und möglichst auch die wichtigsten dazugehörenden Unterzweige darstellt.

Wie das Brain Mapping wird nun auch die Collage Ihr Begleiter durch die Prüfungen. Am Ende eines jeden Prüfungszyklus nehmen Sie beides zur Hand und überprüfen, ob die Wünsche, Ziele und Visionen nach wie vor gültig sind oder ob Sie Kurskorrekturen vornehmen sollten. Bei jeder neu gewonnenen Erkenntnis, bei neu entdeckten Wünschen und Zielen können Sie beides überarbeiten, verbessern, verdeutlichen oder sogar ganz neu erstellen.

Nun sind Sie bestens vorbereitet, um in die sieben Prüfungszyklen einzusteigen, und sich selbst die Chance zu geben, das herauszuarbeiten, was für das Entdecken Ihrer Talente, für die Entwicklung der richtigen Vision und für das Präzisieren der mit beidem übereinstimmenden Ziele wirklich wichtig ist. Denn schließlich ist der Mensch nicht die Summe dessen, was er hat, sondern in der Gesamtheit auch die Summe dessen, was er noch nicht hat beziehungsweise was er haben könnte.

Sollte Sie einmal während der Prüfungen der Mut verlassen oder sollten Sie keinen Sinn mehr darin sehen, weil sich ja doch nichts verändert, dann schauen auf das zurück, was Sie bereits bewältigt haben und sagen Sie sich selbst einen herzlichen Glückwunsch. Vielleicht sollten Sie sich sogar vor jeder Prüfung, die Sie neu angehen wollen, vor den Spiegel stellen und sich selbst mit einem Lächeln dazu beglückwünschen, dass Sie noch fit sind, dass Sie den nicht immer einfachen Weg zu Ihren Talenten weitergehen.

I. Prüfungszyklus

1. Das Arztgespräch

Zeitetat: 60 Minuten

Diese Übung ist ein Check-up mit einer Prise schwarzen Humors, eine ziemlich unangenehme und knallharte erste Prüfung, die darauf abzielt zu erfragen, ob Sie mit Ihren Zielen auch tatsächlich richtig liegen.

1. Stellen Sie sich vor, Sie besuchen einen Arzt. Das abschließende Gespräch ist hochinteressant: Ihr Arzt empfiehlt Ihnen, keine Langspielplatten mehr zu kaufen und regelmäßig Fango-Packungen zu machen, damit Sie sich schon an den Kontakt mit der Erde gewöhnen. Damit möchte er Ihnen schonend zu verstehen geben, dass Sie nur noch sechs Monate leben werden.
2. Scherz beiseite! Nehmen Sie sich nun die Muße, und überlegen Sie genau, was Sie ab heute machen würden, wenn Sie nur noch sechs Monate zu leben hätten.
3. Gehen Sie alle Lebensbereiche durch, planen Sie so konkret wie möglich die Zeit, die Ihnen dann noch verbliebe.

Was würden Sie ab heute tun, wenn Sie nur noch sechs Monate zu leben hätten?

Wir gehen einmal davon aus, dass Sie diese Übung ernst genommen haben. Dann werden Sie wohl all die Dinge aufgeschrieben haben, die Ihnen wichtig sind, die Sie gerne tun würden. Verrückte, fantastische, aber auch ganz realistische Dinge, die Sie bisher vielleicht noch nicht getan haben. Was hindert Sie daran, zumindest einiges davon umzusetzen? Welche Voraussetzungen brauchen Sie, um es zu tun? Auch wenn Sie noch wesentlich länger als sechs Monate leben werden - Sie leben nicht ewig! Und da scheint es doch sinnvoll, schon jetzt die schönsten Träume einmal näher zu beleuchten, um ihnen möglichst bald näher zu kommen.

Heureka!

(Tragen Sie hier bitte ein, was Sie für sich durch diese Prüfung erkannt haben.)

2. Ihr Wunschinserat

Zeitetat: 30 Minuten

1. Sie schlagen morgens die Zeitung auf, blättern durch die Stellenanzeigen, Ihr Blick fällt auf ein Inserat, und Sie wissen sofort: Das ist genau das, was ich mir immer gewünscht habe. Und das Schönste: Den gestellten Anforderungen fühlen Sie sich voll und ganz gewachsen.
2. Welches Inserat würde Sie ansprechen? Welche konkreten Aufgaben und Anforderungen wären genannt?
3. Schreiben Sie bitte jetzt das auf Sie persönlich zugeschnittene Inserat, und achten Sie darauf, dass es auch optisch attraktiv gestaltet ist.

Mein Wunschinserat

Der David des Michelangelo

Die Signora in Florenz hatte einen großen Marmorblock bestellt und einen Bildhauer beauftragt, daraus eine Figur zu meißeln. Entweder war der Bildhauer kein sehr großer Bildhauer oder der Stein war schlecht gebrochen - der Bildhauer wusste mit dem Block nichts anzufangen. Er sah keine Möglichkeit, aus diesem Marmor eine Figur herauszuholen. So lag der große Block herum. Die Versuche des hilflosen Bildhauers hatten ihm nicht gut getan. Andere Bildhauer kamen, schauten und gingen wieder. Mit diesem Stein war nichts mehr anzufangen. Eines Tages kam Michelangelo, der berühmte Maler und Bildhauer, in seine Vaterstadt. Ob ihm der Stein aufgefallen war oder ob man ihn darauf aufmerksam gemacht hatte - er begann sich mit ihm zu beschäftigen. Er schaute ihn an. Er maß ihn ab. Er überlegte. Immer deutlicher sah er vor sich, noch in Stein, die Figur, die die Florentiner wünschten. Er sah den David, die Schleuder auf der Schulter, die Kieselsteine in der Hand, wie er gelassen und gelöst zum Kampf gegen Goliath ausschritt. Die anderen sahen nur einen Steinblock, der unnötig und unbrauchbar im Weg lag. Michelangelo sah bereits den David. Er sah ihn in dem verpfuschten Marmor. Er nahm Hammer und Meißel und begann zu arbeiten. Die Neunmal-klugen lachten. Wussten sie doch, dass aus diesem Block nichts mehr werden könne. Er aber meißelte. Während sie noch redeten, argumentierten und bewiesen, dass er, auch er, scheitern werde, wuchs unter seinen Händen eine der großen Plastiken der Welt.

Heureka!

___

___

___

___

(Tragen Sie hier bitte ein, was Sie für sich durch diese Prüfung erkannt haben.)

3. Ihr persönliches Tagebuch

Zeitetat: 30 Minuten

1. Lassen Sie den heutigen Tag noch einmal an sich vorüberziehen. Sicherlich können Sie sich noch an die wichtigsten Ereignisse erinnern.
2. Tragen Sie in die Tabelle das heutige Datum in das entsprechende Feld ein, und bewerten Sie diesen Tag auf der Skala von 1 bis 10. War es ein sehr angenehmer Tag, so machen Sie in der Rangskala unter der 10 ein Kreuz und begründen es in der Spalte „Warum?“. War der Tag sehr unangenehm, kreuzen Sie die 1 an und geben ebenfalls Ihre Gründe an.
3. Pflicht ist, dass Sie mindestens zwei Wochen lang Ihre Bewertung dem folgenden Beispiel entsprechend vornehmen.

Beispiel

Tag	Datum	-1 2 3 4 5 6 7 8 9 10+	Warum?
1	So., 6. Sept.	x	Streit mit meiner Frau
2	Mo.,7. Sept.	x	Termin versäumt, Auftrag nicht bekommen
3	Di., 8. Sept.	x	Vorwürfe wegen gestern
4	Mi., 9. Sept.	x	Einladung zum Kongress
5	Do., 10. Sept.	x	2 Konferenzen an einem Tag
6	Fr., 11. Sept.	x	Lange Diskussionen mit meiner Frau, wir reden wieder miteinander
7	Sa., 12. Sept.	x	Morgens gearbeitet, den Rest des Tages gefaulenzt

Nun ist Ihr persönliches Tagebuch an der Reihe

Tag	Datum	- 1 2 3 4 5 6 7 8 9 10+	Warum?
1			
2			
3			
4			
5			
6			
7			
8			
9			
10			
11			
12			
13			
14			

Heureka!

(Tragen Sie hier bitte ein, was Sie für sich durch diese Prüfung erkannt haben.)

4. Interview

Zeitetat: 120 Minuten

Stellen Sie sich vor, Sie müssten sich morgen selbst interviewen. Dafür wollen Sie gut vorbereitet sein, denn schließlich möchten Sie Ihre Fragen gezielt stellen und ehrliche Antworten bekommen. Entwickeln Sie vorab einen Fragebogen:

1. Überlegen Sie zuerst, welche Fragen wichtig sind und welche es wert sind, beantwortet zu werden. Denken Sie auch darüber nach, wie weit Sie in die Intimsphäre Ihres Interviewpartners eindringen dürfen.
2. Dann nehmen Sie so viel Papier wie Sie benötigen, formulieren die Fragen aus und ordnen Sie sie thematisch: Beruf, Partnerschaft, Glaubensfragen, Lebensweg- und ziele.
3. Und nun entspannen Sie sich. Hören Sie einer beruhigenden Musik zu, gehen Sie eine Runde spazieren, trinken Sie eine Tasse Tee und geben Sie sich Ihren Tagträumen hin. Nehmen Sie sich die Zeit, die Sie dafür brauchen. Anschließend beantworten Sie die Fragen.

Nun dürfen Sie noch einmal entspannen, um ein wenig Abstand zu gewinnen. Dann lassen Sie das ganze Interview noch einmal auf sich wirken. Überprüfen Sie, wie ehrlich Sie mit sich selbst umgegangen sind. Sind Ihnen vielleicht bei einer Frage oder bei mehreren Zweifel aufgekommen? Haben Sie etwas erkannt, was Sie dringend verändern wollen? Haben sich neue Ziele gezeigt? Konnten Sie neue Sichtweisen entwickeln?

Was hat das Interview Sie erkennen lassen?

Heureka!

(Tragen Sie hier bitte ein, was Sie für sich durch diese Prüfung erkannt haben.)

5. Die Lebenslinie

Zeitetat: 20 Minuten

1. Überlegen Sie, wie Sie sich privat, beruflich und gesundheitlich in welchem Lebensalter gefühlt haben.
2. Markieren Sie die Höhepunkte und die Tiefpunkte Ihres Lebens in den drei verschiedenen Bereichen auf der folgenden Skala.
3. Verbinden Sie die Punkte eines Bereichs mit der entsprechenden Linie.

Beispiel

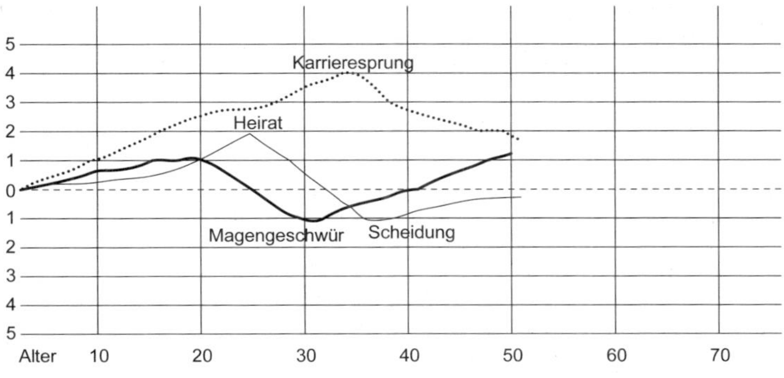

Die Linien bedeuten:

.... Erziehung, Ausbildung, Beruf
———————— Privat
———————— Körper

Die 0-Linie ist der neutrale Bereich. Je weiter die Linie nach oben zum Preis führt, umso wohler fühlen Sie sich in diesem Bereich.
Je weiter sie nach unten zeigt, umso unangenehmer war dieser Lebenszeitpunkt.

Das Beispiel in der Skala ist wohl eher abschreckend: Bestimmt ist es schön, im Alter von ungefähr 35 Jahren erfolgreich im Beruf zu sein. Aber dabei körperlich in den unteren Bereich zu sinken, ist nicht Sinn des Erfolges. Ziel im Leben sollte es doch sein, in allen Lebensbereichen ein möglichst hohes Wohlgefühl zu erlangen.

Wie sieht Ihre Lebenslinie aus?

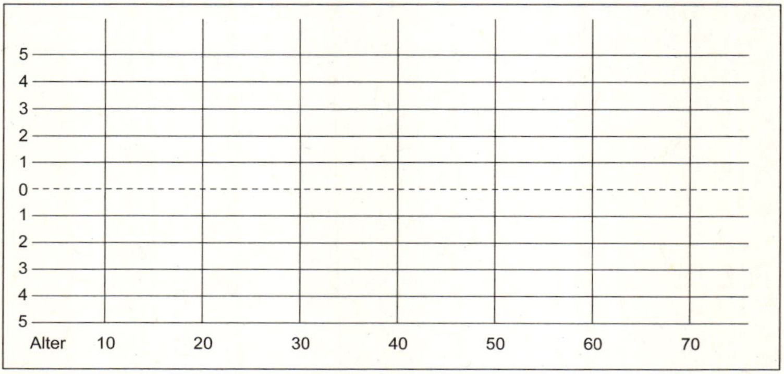

Heureka!

(Tragen Sie hier bitte ein, was Sie für sich durch diese Prüfung erkannt haben.)

6. Regisseur des eigenen Lebens

Zeitetat: 45 Minuten

1. Für Ihr Leben sind Sie und niemand anderes verantwortlich. Stellen Sie sich nun einmal vor, Sie könnten die letzten 20 Jahre noch einmal erleben und hätten die Möglichkeit, einige Korrekturen vorzunehmen. Wo und wie würden Sie das Drehbuch Ihres Lebens verändern?
2. Was würden Sie aus heutiger Sicht ganz generell verändern wollen?
3. Haben Sie etwas getan, worüber Sie sich heute noch grämen? Und gibt es auch etwas, was Sie heute auf jeden Fall ebenso tun würden?

Ihre Drehbuch-Korrekturen:

Die drei Arbeiter

Als man das Münster zu Freiburg baute, fragte man drei Steinmetzen nach ihrer Arbeit. Der eine saß und haute Quader zurecht für die Mauern der Wand. „Was machst du da?" „Ich haue Stein." Ein anderer mühte sich um das Rund einer kleinen Säule für das Blendwerk der Tür. „Was machst du da?" „Ich verdiene mein Geld für meine Familie." Ein dritter bückte sich über das Ornament einer Kreuzblume für den Fensterbogen, vorsichtig mit dem Meißel tastend. „Was machst du da?" „ich baue am Dom."

Heureka!

(Tragen Sie hier bitte ein, was Sie für sich durch diese Prüfung erkannt haben.)

7. Atelier

Zeitetat: 30 Minuten

1. Nehmen Sie sich heraus aus dem Alltagsgeschehen, ziehen Sie sich zurück, und begeben Sie sich auf eine Reise in die Welt Ihrer Fantasie. Wenn Sie mögen, dann legen Sie dabei Ihre Lieblingsmusik auf, zünden vielleicht eine Duftkerze an und kuscheln sich in Ihre Lieblingsecke.

2. Tun Sie so, als ob Sie einen Raum erschaffen, in dem Sie sich wohl fühlen und gut arbeiten können. Bauen Sie diesen Raum so, wie Sie ihn brauchen: mit großen Fenstern oder einer winzig kleinen Dachluke, mit alten Holzdielen oder einem Betonboden. Wo soll der Eingang sein? Machen Sie sich ein möglichst genaues Bild von dem Raum, der Ihr Atelier werden soll. Nun geht es an die Einrichtung. Brauchen Sie einen Schreibtisch oder eine Werkbank, ein großes Bücherregal oder einen alten Schrank mit vielen Schubläden? Eine bequeme Liege oder einen behaglichen Sessel? Denken Sie auch an einen Teppich und an die Beleuchtung des Raumes. Und welche Farben haben das Mobiliar und die Accessoires Ihres Ateliers?

3. Dieses virtuelle Atelier soll für Sie zu einem Ort werden, an den Sie sich zurückziehen können, wann immer Sie wollen - zum Beispiel bevor Sie Entscheidungen treffen, wenn Sie ein neues Projekt vorbereiten, wenn Sie Ihre Ziele und Visionen hinterfragen wollen oder wenn die eine oder andere Prüfungen in diesem Buch eine Kette neuer Gedanken hat entstehen lassen. Das Besondere an diesem Raum ist, dass Sie nicht bis zur Klärung, Lösungsfindung oder Entscheidung dort bleiben müssen. Denn wenn der kreative Teil in Ihnen weiß, worum es geht, wird er wissen, was zu tun ist, und Sie können sich wieder in die Realität

zurückbegeben. Selbstverständlich können Sie Ihrem kreativen Teil auch Ratgeber zur Seite stellen. Ratgeber können alle möglichen Menschen sein: Freunde, die längst verstorbene Großmutter, aber auch Prominente, die Sie nur aus den Medien kennen. Wenn Sie diese Ratgeber in Ihr Atelier einladen und ihnen die Aufgabenstellung erklären, dann können Sie beruhigt Ihr Atelier verlassen. Ihr kreativer Teil und die Ratgeber arbeiten für Sie. Und wenn Sie dann nach einigen Tagen wieder hereinschauen, wird Ihnen in den meisten Fällen die passende Antwort auf Ihre Frage präsentiert.

Wir verkaufen nur das Saatgut

Stellen Sie sich vor: Sie betreten einen Laden und treffen dort auf einen freundlichen, alten Mann, der auf Ihre Frage, was er denn zu verkaufen habe, antwortet: „Alles, was Sie wollen!" Und sofort beginnen Sie damit, all die Dinge aufzuzählen, die Sie sich schon immer gewünscht haben:

- Ich möchte fasziniert sein vom Leben, mein Leben soll ein Fest sein.
- Ich möchte, dass mein großer Traum in Erfüllung geht.
- Ich möchte dass alles, was ich anpacke, erfolgreich wird.
- Ich möchte reich und von meinen Mitmenschen geachtet sein.
- Ich wünsche mir Lust, Humor und Freude als Begleiter meines Lebens.
- Ich will einen Beruf, der mich begeistert. a Ich möchte echte Freunde haben.
- Ich wünsche mir ein Leben voller faszinierender Abenteuer. 2 Ich möchte Gesundheit und Vitalität.
- Ich möchte...

Lächelnd fällt der alte Mann Ihnen ins Wort: „Entschuldigen Sie bitte. Ich habe mich wohl unklar ausgedrückt: Wir verkaufen keine Früchte, wir verkaufen nur den Samen."

Heureka!

(Tragen Sie hier bitte ein, was Sie für sich durch diese Prüfung erkannt haben.)

■ CHECK - Brain Mapping und Collage

■ Sie haben nun die ersten sieben Prüfungen absolviert. Nehmen Sie
■ Ihr Brain Mapping zur Hand und überlegen Sie, ob sich dadurch
■ etwas verändert hat.
■ Möglicherweise haben Sie bisher Unbekanntes entdeckt, haben
■ neue Ideen gewonnen oder es sind Ihnen ungewohnte Gedanken
■ gekommen. Verändern Sie Ihr Brain Mapping so, dass es jetzt wie-
■ der stimmt.
■ Überprüfen Sie auch Ihre Collage: Was kommt jetzt hinzu, und
■ was müssen Sie wegnehmen?

II. Prüfungszyklus

1. Telegramm

Zeitetat: 60 Minuten

1. Sie haben ein Telegramm erhalten. Darin wird Ihnen mitgeteilt, Ihre drei größten Wünsche seien in Erfüllung gegangen. Welche Wünsche wären das?
2. Schreiben Sie diese auf, und stellen Sie so ausführlich wie möglich deren Inhalt dar.
3. Lassen Sie Ihrer Fantasie freien Lauf, und schreiben Sie, ohne an irgendwelche Begrenzungen zu denken.

Was haben Sie sich gewünscht?

1. ______________________________

____

2. ______________________________

____

3. ______________________________

____

Nun ja, Ihre Wünsche werden wohl nicht sofort in Erfüllung gehen. Aber durch das Aufschreiben haben sie sich wieder etwas mehr in Ihren Gedanken manifestiert. Und das ist das Ziel dieser Prüfung. Denn leider erfüllen sich Wünsche nicht nur, weil sie ausgesprochen oder aufgeschrieben werden. Das Leben erwartet nun mal etwas mehr Einsatz, und manchmal kann es sogar viel schlimmer kommen ...

Wie viel Erde braucht der Mensch?

Einem armen Bauern, der kaum das Nötigste zum Leben hat, wird eines Tages ein unerwartetes Glück zuteil. Ein reicher Grundbesitzer erlaubt ihm, so viel Land als Eigentum zu erwerben, wie er in der Zeitspanne zwischen Sonnenaufgang und -untergang zu Fuß umschreiten kann. Die einzige Bedingung: Er muss, wenn die Sonne untergeht, genau wieder an dem Punkt angekommen sein, an dem er morgens aufgebrochen ist. Zunächst ist der arme Bauer überglücklich, weil er bei weitem nicht den ganzen Tag brauchen wird, um so viel Land zu umwandern, wie er zu einem reichlichen Lebensunterhalt braucht. So geht er frohen Mutes los, ohne Hast, mit ruhigem Schritt. Doch dann kommt ihm der Gedanke, diese einmalige Chance auf jeden Fall auszunützen und so viel Boden wie nur eben möglich zu gewinnen. Er malt sich aus, was er alles mit dem neu gewonnen Reichtum anfangen kann. Sein Schritt wird schneller, und er orientiert sich am Stand der Sonne, um nur ja nicht den Zeitpunkt zur Rückkehr zu verpassen. Er geht in einem großen Kreis weiter, um noch mehr Land zu erhalten. Dort will er noch einen Teich hinzubekommen, hier eine besonders saftige Wiese und da wiederum ein kleines Wäldchen. Sein Schritt wird hastig, sein Atem wird zum Keuchen, der Schweiß tritt ihm auf die Stirn. Endlich, mit letzter Kraft, ist er am Ziel angekommen: Mit dem letzten Strahl der untergehenden Sonne erreicht er den Ausgangspunkt, ein riesiges Stück Land gehört ihm - doch da bricht er vor Erschöpfung zusammen und stirbt; sein Herz war der Belastung nicht gewachsen. Es bleibt ihm jenes winzige Stück Erde, in dem er beerdigt wird; mehr braucht er jetzt nicht mehr.

Heureka!

(Tragen Sie hier bitte ein, was Sie für sich durch diese Prüfung erkannt haben.)

2. Ihre Lebensvision

Zeitetat: 60 Minuten

Legen Sie einen großen Block Zeichenpapier und Buntstifte oder Wasserfarben bereit. Dann lassen Sie Musik laufen, bei der Sie sich gut entspannen können. Und jetzt dürfen Sie sich in eine weit vor Ihnen liegende Zukunft träumen, vielleicht zehn oder zwanzig Jahre später.

1. Stellen Sie sich die Menschen vor, die Sie dann umgeben werden, und überlegen Sie sich, welche Ziele zu diesem Zeitpunkt zum Greifen nahe sein werden. Suchen Sie gedanklich nach bildhaften Symbolen, die die erreichten Ziele ausdrucksvoll darstellen.

2. Dann stellen Sie sich vor, was zu dieser Zukunftsvision passt. Sie können sich alles vorstellen, was Ihnen gefällt: Menschen, Objekte, Situationen, Gefühle, Töne, Kleidung ... Sie können das Bild so oft verändern, wie Sie wollen. Irgendwann passt es, irgendwann spüren Sie genau, dass Sie sich gedanklich in einer Lebenssituation befinden, die mit den Symbolen der erreichten Ziele übereinstimmt. Dieses innere Bild legen Sie dann bitte in ein geistiges Fixierbad. Machen Sie es fest.

3. Und nun: Aufwachen! Greifen Sie zu Ihrem Zeichenpapier und malen Sie Ihre Vision. Das Bild muss nicht künstlerisch perfekt sein. Hauptsache ist, Sie erkennen auf dem Bild, was gemeint ist. Dann suchen Sie sich einen schönen Rahmen und hängen es dort auf, wo Sie es oft in den Blick bekommen. Das ist ab heute eines Ihrer wertvollsten Bilder.

Ihre Lebensvision

Heureka!

(Tragen Sie hier bitte ein, was Sie für sich durch diese Prüfung erkannt haben.)

3. Ihre Glücksstory

Zeitetat: 30 Minuten

1. Das Leben eines jeden Menschen teilt sich in verschiedene Entwicklungsabschnitte. Der Einfachheit halber nehmen wir hier einmal an, es seien drei Abschnitte.
2. Denken Sie jetzt über Ihre bisherige persönliche Entwicklung nach, und teilen Sie Ihr Leben in drei prägende Lebensabschnitte.
3. Haben Sie für sich drei Lebensabschnitte festgelegt, dann schreiben Sie die für jeden Abschnitt größten Glücksmomente auf und begründen ausführlich, warum Sie so empfunden haben.

Beispiel

Für einen 60-Jährigen kann das so aussehen:

Phasen	oder	Phasen	oder	Phasen
von 0 bis 20 Jahre		von 0 bis 30 Jahre		von 0 bis 20 Jahre
von 21 bis 40 Jahre		von 31 bis 40 Jahre		von 21 bis 50 Jahre
von 41 bis 60 Jahre		von 40 bis 60 Jahre		von 51 bis 60 Jahre

Wann in Ihrem Leben waren Sie am zufriedensten und glücklichsten? Warum war das so?

Phasen	Wann?	Warum?
von bis		
von bis		
von bis		
von bis		
von bis		

Welches der genannten Glücksmomente war das größte, das am intensivsten erfahrene Erlebnis?

____

____

Heureka!

____

____

____

____

(Tragen Sie hier bitte ein, was Sie für sich durch diese Prüfung erkannt haben.)

4. Ihre Unglücksstory

Zeitetat: 30 Minuten

1. Nehmen Sie noch einmal die vorher festgelegte Lebenseinteilung, und erinnern Sie sich an die größten Unglücksmomente in diesen Lebensabschnitten.
2. Begründen Sie bitte auch hier, warum Sie so empfunden haben.
3. Anschließend wählen Sie nach sorgfältiger Überlegung das größte Unglückserlebnis Ihres Lebens aus.

Phasen	Wann waren Sie zutiefst unglücklich und unzufrieden?	Warum war das so?
von bis		
von bis		
von bis		
von bis		
von bis		
von bis		
von bis		

■ **Das unglücklichste Erlebnis meines Lebens**

✎ ______________________________

____

____

____

Das Leben ist herrlich!

Zu einem alten Rabbi kam ein Mann und klagte: „Rabbi, mein Leben ist nicht mehr erträglich. Wir wohnen zu sechst in einem einzigen Raum. Was soll ich nur machen?" Der Rabbi antwortete: „Nimm deinen Ziegenbock mit ins Zimmer." Der Mann glaubte, nicht recht gehört zu haben. „Den Ziegenbock mit ins Zimmer?" „Tu, was ich dir gesagt habe", entgegnete der Rabbi, ‚kund komm nach einer Woche wieder." Nach einer Woche kam der Mann wieder, total am Ende. „Wir können es nicht mehr aushalten, der Bock stinkt fürchterlich!" Der Rabbi sagte zu ihm: „Geh nach Hause und stell den Bock wieder in den Stall. Dann komm nach einer Woche wieder." Die Woche verging. Als der Mann zurückkam, strahlt er über das ganze Gesicht: „Das Leben ist herrlich, Rabbi. Wir genießen jede Minute. Kein Ziegenbock - nur wir sechs."

Heureka!

✎ ______________________________

____

____

____

(Tragen Sie hier bitte ein, was Sie für sich durch diese Prüfung erkannt haben.)

5. Sechs Fragen zum Beruf

Zeitetat: 20 Minuten

1. Beantworten Sie die sechs nachstehenden Fragen, ohne lange zu überlegen, aber trotzdem präzise.
2. Wundern Sie sich bitte nicht über die zweite und dritte Frage: Jeder Mensch hat für seinen Erfolg bezahlt, sei es mit dem Verzicht auf Freizeit, mit finanziellen Einschränkungen für eine gewisse Zeit oder gar dem Verlust seiner Ideale. Aber nicht nur Sie, auch andere sind an Ihrem Erfolg beteiligt: Hat Ihr Lebenspartner gearbeitet, damit Sie studieren konnten? Hat ein Kollege den Platz für Sie freimachen müssen? Oder leiden Ihre Eltern darunter, dass Sie lieber jede Stunde der Karriere widmen, als sie einmal zu besuchen?
3. Besonders bei der letzten Frage ist es wichtig, ganz spontan zu antworten.

■ Warum üben Sie Ihren jetzigen Beruf aus?

- **Wer hat für Ihren beruflichen Erfolg bezahlt, nicht nur finanziell, sondern auch psychisch oder ideell?**

- **Womit haben Sie für Ihren beruflichen Erfolg bezahlt?**

- **Fühlten Sie sich bei der Erledigung der zuletzt abgeschlossenen Aufgabe/Aktivität zufrieden?**

- **Arbeiten Sie in Ihrem jetzigen Beruf mit Erfolg? Begründen Sie Ihre Antwort.**

■ **Was ist für Sie der tiefere Sinn Ihres Berufslebens?**

Heureka!

(Tragen Sie hier bitte ein, was Sie für sich durch diese Prüfung erkannt haben.)

6. Alles ist möglich

Zeitetat: 20 Minuten

1. Was würden Sie anders machen, wenn Sie wüssten, dass alles möglich wäre?
2. Schreiben Sie auf, was Sie tun würden, wenn Ihnen genügend Potenzial zur Verfügung stünde, um alles zu verwirklichen, was Sie sich wünschen.
3. Seien Sie bitte konkret: Die Antwort: „Ich würde viel Geld verdienen“, reicht nicht aus. Wichtig ist, was Sie dafür tun würden.

Die Probe wagen

Ein König stellte für einen wichtigen Posten den Hofstaat auf die Probe. Kräftige und weise Männer umstanden ihn in großer Menge. „Ihr weisen Männer", sprach der König, „ich habe ein Problem, und ich möchte sehen, wer von euch in der Lage ist, dieses Problem zu lösen." Er führte die Anwesenden zu einem riesengroßen Türschloss, so groß, wie es keiner je gesehen hatte. Der König erklärte: ,klier seht ihr das größte und schwerste Schloss, das es in meinem Reich je gab. Wer von euch ist in der Lage, das Schloss zu öffnen?" Ein Teil der Höflinge schüttelte nur verneinend den Kopf. Einige, die zu den Weisen zählten, schauten sich das Schloss näher an, gaben aber zu, sie könnten es nicht schaffen. Als die Weisen dies gesagt hatten, war sich auch der Rest des Hofstaates einig, dieses Problem sei zu schwer, als dass sie es lösen könnten. Nur ein Weiser ging an dieses Schloss heran. Er untersuchte es mit Blicken und Fingern, versuchte es auf die verschiedensten Weisen zu bewegen und zog schließlich mit einem Ruck daran. Und siehe: Das Schloss öffnete sich. Das Schloss war nur angelehnt gewesen, nicht ganz zugeschnappt, und es bedurfte nichts weiter als des Mutes und der Bereitschaft, dies zu begreifen und beherzt zu handeln. Der König sprach: „Du wirst die Stelle am Hof erhalten, denn du verlässt dich nicht nur auf das, was du siehst und was du hörst, sondern setzt deine Kräfte ein und wagst eine Probe."

Heureka!

(Tragen Sie hier bitte ein, was Sie für sich durch diese Prüfung erkannt haben.)

7. Ihr Begräbnis

Zeitetat: 30 Minuten

1. Stellen Sie sich vor, Sie seien gestorben und beobachteten Ihre eigene Trauerfeier. Sie sehen, wer gekommen ist, um von Ihnen Abschied zu nehmen, und Sie erkennen genau den Ausdruck in den Gesichtern der Anwesenden.
2. Denken Sie bei dieser Übung gründlich nach! Für jeden der folgenden Fragenkomplexe wählen Sie nach reiflicher Überlegung nur die wichtigsten sechs Personen aus.
3. Investieren Sie besonders viel Zeit in die Beantwortung der Frage nach dem Warum.

Wer wird zu Ihrer Beerdigung kommen? Warum?

Wer? ____________________ Warum? ____________________

Wer? ____________________ Warum? ____________________

Wer? ____________________ Warum? ____________________

Wer? ____________________ Warum? ____________________

Wer? ____________________ Warum? ____________________

Wer? ____________________ Warum? ____________________

■ **Wer wird nicht zu Ihrer Beerdigung kommen? Warum?**

Wer? ____________________ Warum? ____________________

Wer? ____________________ Warum? ____________________

Wer? ____________________ Warum? ____________________

Wer? ____________________ Warum? ____________________

Wer? ____________________ Warum? ____________________

Wer? ____________________ Warum? ____________________

■ **Wer wird wirklich trauern? Warum?**

Wer? ____________________ Warum? ____________________

Wer? ____________________ Warum? ____________________

Wer? ____________________ Warum? ____________________

Wer? ____________________ Warum? ____________________

Wer? ____________________ Warum? ____________________

Wer? ____________________ Warum? ____________________

■ **Wer aus Ihrem engsten Kreis wird nicht trauern? Warum?**

Wer? ____________________ Warum? ____________________

Wer? ____________________ Warum? ____________________

Wer? ____________________ Warum? ____________________

Wer? ____________________ Warum? ____________________

Wer? ____________________ Warum? ____________________

Wer? ____________________ Warum? ____________________

Heureka!

(Tragen Sie hier bitte ein, was Sie für sich durch diese Prüfung erkannt haben.)

■ CHECK - Brain Mapping und Collage

■ Nach diesen weiteren sieben Prüfungen nehmen Sie wieder Ihr
■ Brain Mapping zur Hand.
■ Hat sich wieder etwas verändert, dann übernehmen Sie das. Und
■ entsprechend verändern Sie auch Ihre Collage.

III. Prüfungszyklus

1. Ihre schönsten Träume

Zeitetat: 30 Minuten

1. Gönnen Sie sich für diese Prüfung einige Zeit, während der Sie Ihre Gedanken treiben lassen - vielleicht unterstützt von schöner Musik. Und dann: Zeit zum Träumen ... Welche Wünsche und Visionen sind in dieser Traumwelt Wirklichkeit geworden?
2. Beschreiben Sie die Träume, von denen Sie glauben, dass sie sich niemals verwirklichen werden. Platz haben Sie hier für sechs Ihrer Wunschträume, wenn's mehr sein sollten, nehmen ein zusätzliches Blatt Papier dazu.
3. Auch wenn Sie dabei vielleicht über Ihre Fantasien lachen müssen - setzen Sie sich keine Grenzen. Lösen Sie sich ganz vom Hier und Jetzt.

▶ 1. Traum:

✎ ____________________

____

____

▶ 2. Traum:

✎ ____________________

____

____

▶ 3. Traum:

▶ 4. Traum:

▶ 5. Traum:

▶ 6. Traum:

Heureka!

(Tragen Sie hier bitte ein, was Sie für sich durch diese Prüfung erkannt haben.)

2. Die Verhinderer der Traumverwirklichung

Zeitetat: 30 Minuten

1. Träume sind Schäume? Nein, Träume sind die Vorboten der Realität! Was also hindert Sie an der Verwirklichung Ihrer Träume?
2. Fragen Sie sich einmal, warum Sie glauben, dass sich Ihre Träume nur teilweise oder gar nicht erfüllen lassen.
3. Begründen Sie Ihre Annahme möglichst konkret.

▶ 1. Traum:

____

____

▶ 2. Traum:

____

____

▶ 3. Traum:

____

____

▶ 4. Traum:

▶ 5. Traum:

▶ 6. Traum:

Heureka!

(Tragen Sie hier bitte ein, was Sie für sich durch diese Prüfung erkannt haben.)

3. Wo fühlen Sie sich wohl

Zeitetat: 30 Minuten

1. Jeder Mensch hat bestimmte Orte, die ihm ein besonderes Wohlgefühl vermitteln.
2. Bitte nennen Sie drei Orte, die Sie mit angenehmen Gefühlen verbinden. Erklären Sie, warum das so ist.
3. Bei dieser Prüfung kommt es wieder einmal besonders darauf an, dass Sie nicht lange nachdenken. Arbeiten Sie zügig und spontan.

Beispiel

Orte	Warum?
In meinem Garten unter dem alten Apfelbaum	Weil ich dort mit mir und der Welt im Einklang bin
Auf unserer Ferieninsel	Weil ich dort mit meinem Partner am glücklichsten bin

An welchen Orten fühlen Sie sich besonders wohl?

Orte	Warum?

Das Seepferdchen

Es war einmal ein Seepferdchen, das eines Tages seine sieben Taler nahm und in die Ferne galoppierte, sein Glück zu suchen. Es war noch gar nicht weit gekommen, da traf es einen Aal, der zu ihm sagte: „Psst. Hallo, Kumpel. Wo willst du hin?!" „Ich bin unterwegs, mein Glück zu suchen", antwortete das Seepferdchen stolz. „Da hast du's ja gut getroffen", sagte der Aal, „für vier Taler kannst du diese schnelle Flosse haben, damit kannst du viel schneller vorwärts kommen." „Ei, das ist ja prima", sagte das Seepferdchen, bezahlte, zog die Flosse an und glitt mit doppelter Geschwindigkeit von dannen. Bald kam es zu einem Schwamm, der es ansprach: „Hallo, wo willst du hin?" „Ich bin unterwegs, mein Glück zu suchen", antwortete das Seepferdchen. „Prima", sagte der Schwamm, „für ein kleines Trinkgeld überlasse ich dir dieses Boot mit Düsenantrieb; damit könntest du viel schneller reisen." Da kaufte das Seepferdchen das Boot mit seinem letzten Geld und sauste mit fünffacher Geschwindigkeit durch das Meer. Bald traf es einen Haifisch, der zu ihm sagte: „Psst. Hallo, wo willst du hin?" „Ich bin unterwegs, mein Glück zu suchen", antwortete ihm stolz das Seepferdchen. „Das hast du ja gut getroffen; wenn du diese kleine Abkürzung machen willst", sagte der Haifisch und zeigte auf seinen geöffneten Rachen, „sparst du eine Menge Zeit." „Ei, vielen Dank", sagte das Seepferdchen und sauste in das Innerste des Haifisches, um verschlungen zu werden.

Heureka!

(Tragen Sie hier bitte ein, was Sie für sich durch diese Prüfung erkannt haben.)

4. Wann fühlen Sie sich wohl?

Zeitetat: 30 Minuten

1. So wie bestimmte Orte, hat jeder Mensch auch Tages- oder Jahreszeiten, zu denen er sich sehr wohl fühlt.
2. Bitte nennen Sie jetzt drei Zeitpunkte, zu denen es Ihnen besonders gut geht.
3. Erklären Sie auch diesmal ohne lange nachzudenken, warum das so ist.

Beispiel

Zeiten	Warum?
Frühmorgens, kurz nach Sonnenaufgang	Weil der Tag verheißungsvoll und frisch vor mir liegt
Im Herbst, an sonnigen Tagen	Weil die Luft so klar und die Welt so bunt ist

Zu welchen Zeiten fühlen Sie sich besonders wohl?

Zeiten	Warum?

Auf der Suche nach der Wahrheit

Ein russischer Philosoph war einmal Gast eines Klosters und hatte sein Gespräch mit einem der Mönche bis spät in die Nacht ausgedehnt. Er wollte in seine Zelle zurückkehren, trat auf den Gang, wo die Türen zu den Zellen alle gleich und alle geschlossen waren. Es gelang ihm in der Dunkelheit nicht, die Tür seiner Zelle zu finden. Andererseits war es in der Dunkelheit unmöglich, in die Zelle des Mönches, die er verlassen hatte, zurückzugehen. Aber er wollte während des strengen Stillschweigens in der Nacht auch niemanden stören. Somit beschloss er, die Nacht damit zu verbringen, den Korridor des Klosters, der plötzlich geheimnisvoll ungastlich geworden war, in Gedanken vertieft langsam auf und ab zu schreiten. Die Nacht war lang und beschwerlich, aber schließlich ging sie vorüber, und der erste Schimmer der Morgenröte erlaubte es dem Philosophen, die Türe seiner Zelle ohne weiteres zu finden, an der er mehrere Male vorübergegangen war, ohne sie zu erkennen. Und er meinte dazu: Denen, die Wahrheit suchen, ergeht es oft so. Sie gehen im Laufe ihrer Nachtwachen ganz nahe an ihr vorbei, ohne sie zu finden, bis dann der Strahl der Sonne kommt.

Heureka!

✎ ___

___

___

___

(Tragen Sie hier bitte ein, was Sie für sich durch diese Prüfung erkannt haben.)

5. Wann und wo fühlen Sie sich nicht wohl?

Zeitetat: 40 Minuten

1. Sicherlich fühlen Sie sich aber an einigen Orten und zu manchen Zeiten nicht gerade gut.
2. Schreiben Sie jetzt auf, an welchen drei Orten und zu welchen drei Zeitpunkten Sie sich nicht wohl fühlen.
3. Und wie in den beiden Prüfungen zuvor, begründen Sie auch hier bitte wieder, warum das so ist.

Beispiel

Orte	Warum?
In der Innenstadt	Weil die Luft dort sehr schlecht ist.
Zeiten	**Warum?**
Wenn es im Winter regnet	Weil dem Tag dann vollends die Helligkeit fehlt

Auf die Brille kommt es an

„Du siehst so unzufrieden aus", bemerkte ein Eimer zu seinem Kameraden, als sie zum Brunnen kamen. „Ach", meinte der andere, „ich dachte gerade daran, wie nutzlos es ist, immer neu gefüllt zu werden, wenn wir doch immer wieder leer zurückkommen." „Na so was", sagte der erste, „so habe ich das noch gar nicht gesehen. Ich freue mich immer über den Gedanken, dass wir, obgleich wir leer kommen, doch immer gefüllt wieder weggehen."

■ **An welchen Orten fühlen Sie sich nicht wohl?**

Orte	Warum?

■ **Zu welchen Zeiten fühlen Sie sich nicht wohl?**

Zeiten	Warum?

Heureka!

✎ ____

(Tragen Sie hier bitte ein, was Sie für sich durch diese Prüfung erkannt haben.)

6. Die Grabrede

Zeitetat: 15 Minuten

1. Stellen Sie sich bitte noch einmal Ihr Begräbnis vor. Wie es in unserer Gesellschaft nun einmal üblich ist, wird die Trauerzeremonie beim Ableben eines Menschen von einer Grabrede begleitet.
2. Welchen Wortlaut könnte die Grabrede enthalten, die bei Ihrem Ableben gehalten wird? Wie werden Sie als Mensch geschildert? Welche Ihrer Handlungen und Erfolge werden besonders erwähnt?
3. Schreiben Sie auf, was Sie glauben, dass ein anderer in diesem Falle über Sie sagen würde.

Heureka!

(Tragen Sie hier bitte ein, was Sie für sich durch diese Prüfung erkannt haben.)

7. Spaß an der Arbeit

Zeitetat: 40 Minuten

1. In dieser Übung bewerten Sie die Aufgabenbereiche Ihres Berufs. Zunächst geben Sie in der Spalte „Basisaufgaben“ die Hauptaufgaben Ihres Arbeitsplatzes an.
2. Daneben schreiben Sie die dazugehörenden Detailaufgaben.
3. In der dritten Spalte bewerten Sie die Detailaufgaben auf einer Skala von 1 bis 10.

Dabei bedeutet:			
	10	=	macht unheimlich Spaß
	5	=	alles Routine, aber irgendwie kriege ich es hin
	1	=	macht gar keinen Spaß, ich hasse diese Aufgabe

Beispiel

1. Basisaufgabe	Detailaufgaben	Bewertung
Personalführung	Aufgaben verteilen	- 1 2 ③ 4 5 6 7 8 9 10 +
	motivieren	- 1 2 3 4 5 6 7 8 ⑨ 10 +
		- 1 2 3 4 5 ⑥ 7 8 9 10 +

■ **Und wie viel Spaß macht Ihnen der Job?**

1. Basisaufgabe	Detailaufgaben	Bewertung
		- 1 2 3 4 5 6 7 8 9 10 + - 1 2 3 4 5 6 7 8 9 10 + - 1 2 3 4 5 6 7 8 9 10 + - 1 2 3 4 5 6 7 8 9 10 + - 1 2 3 4 5 6 7 8 9 10 +
2. Basisaufgabe	**Detailaufgaben**	**Bewertung**
		- 1 2 3 4 5 6 7 8 9 10 + - 1 2 3 4 5 6 7 8 9 10 + - 1 2 3 4 5 6 7 8 9 10 + - 1 2 3 4 5 6 7 8 9 10 + - 1 2 3 4 5 6 7 8 9 10 +
3. Basisaufgabe	**Detailaufgaben**	**Bewertung**
		- 1 2 3 4 5 6 7 8 9 10 + - 1 2 3 4 5 6 7 8 9 10 + - 1 2 3 4 5 6 7 8 9 10 + - 1 2 3 4 5 6 7 8 9 10 + - 1 2 3 4 5 6 7 8 9 10 +

Heureka!

(Tragen Sie hier bitte ein, was Sie für sich durch diese Prüfung erkannt haben.)

■ CHECK - Brain Mapping und Collage

- Bereits der dritte Prüfungszyklus ist beendet.
- Und wieder schauen Sie, ob Brain Mapping und Collage
- noch stimmen oder verändert werden müssen.

IV. Prüfungszyklus

1. Die Glücksmomente in Ihrem Leben

Zeitetat: 50 Minuten

1. Wählen Sie zuerst sehr ruhige Musik aus, die Sie besonders gern mögen; die Spieldauer sollte etwa 30 bis 40 Minuten betragen. Sorgen Sie dafür, dass Sie während dieser Prüfung niemand stören wird. Dann nehmen Sie ein Blatt und einen Schreibstift und setzen sich bequem hin. Sie schalten die Musik ein ..., schließen die Augen ... und lassen die Gedanken in die Vergangenheit schweifen.
2. Denken Sie einmal zurück an die Glücksmomente in Ihrem Leben. Momente, in denen Sie sich unendlich wohl gefühlt haben, glücklich und zufrieden waren oder Stolz fühlten über einen Erfolg. Sobald Ihnen ein solches Glückserlebnis einfällt, öffnen Sie die Augen und schreiben es auf. Danach schließen Sie abermals die Augen und forschen weiter nach. Gehen Sie dabei soweit in Ihre Vergangenheit zurück, bis Sie alle Glücksmomente erfasst haben.
3. Anschließend übertragen Sie die gefundenen Situationen in die nebenstehende Tabelle und begründen Ihre Gefühle. Schreiben Sie auch Situationen auf, die Sie zwar noch nicht erlebt haben, die aber in Ihrer Vorstellung Glück für Sie bedeuten.

Sich verwandeln lassen

Ein Fluss wollte durch die Wüste zum Meer. Aber als er den unermesslichen Sand sah, wurde ihm angst, und er klagte: „Die Wüste wird mich austrocknen, und der heiße Atem der Sonne wird mich vernichten, oder ich werde zum stinkenden Sumpf." Da hörte er eine Stimme, die sagte: „Vertraue dich der Wüste an." Aber der Fluss entgegnete: „Bin ich dann noch ich selber? Verliere ich nicht meine Identität?" Die Stimme aber antwortete: „Auf keinen Fall kannst du bleiben, was du bist." So vertraute sich der Fluss der Wüste an. Wolken sogen ihn auf und trugen ihn über die heißen Sandflächen. Als Regen wurde er am anderen Ende der Wüste wieder abgesetzt. Und aus den Wolken floss ein Fluss, schöner und frischer als zuvor. Da freute sich der Fluss und sagte: ‚Jetzt bin ich wirklich ich."

■ **Welche Situationen gaben/geben Ihnen das Gefühl von Glück?**

Situation	Warum?

Heureka!

(Tragen Sie hier bitte ein, was Sie für sich durch diese Prüfung erkannt haben.)

2. Ihre Misserfolge

Zeitetat: 40 Minuten

1. Jetzt wird es unangenehm: Begeben Sie sich für einige Zeit noch einmal in Ihre Erinnerung, und denken Sie an Situationen oder Ereignisse, in denen Sie Unglück oder Misserfolg empfunden haben.
2. Schreiben Sie Ihre Erinnerungen stichwortartig nieder, und wenn Sie glauben, sich an nichts Unangenehmes mehr erinnern zu können, übertragen Sie die Situationen in die Tabelle und schreiben eine Begründung für Ihr Empfinden dazu.
3. Auch hier dürfen Sie wieder Situationen oder Ereignisse aufschreiben, die Sie zum Glück noch nicht erlebt haben, die Sie aber für sich persönlich als Misserfolg und Unglück ansehen würden.

■ **Welche Situationen haben bei Ihnen das Gefühl von Unglück und/oder Misserfolg ausgelöst oder würden es auslösen?**

Situation	Warum?

Heureka!

(Tragen Sie hier bitte ein, was Sie für sich durch diese Prüfung erkannt haben.)

3. Der Sinn Ihres Lebens

Zeitetat: 30 Minuten

1. Es gibt Menschen, die so intensiv nach dem Sinn ihres Leben suchen, dass sie darüber vergessen, ihrem Leben einen Sinn zu geben. Sie werden jetzt sicherlich nicht mehr zu diesen Menschen gehören. Denn mit all den Erinnerungen an Glück und Unglück, Erfolg und Misserfolg wird sich die Frage nach dem Sinn Ihres Lebens fast zwangsläufig ergeben.
2. Ziehen Sie sich an einen ruhigen Ort zurück, an dem Sie über diese Frage für einige Minuten ungestört nachdenken können.
3. Dann schreiben Sie ohne lange zu überlegen, aber trotzdem so präzise wie möglich auf, welchen tieferen Sinn Sie in Ihrem Leben sehen.

Der Sinn Ihres Lebens

Heureka!

(Tragen Sie hier bitte ein, was Sie für sich durch diese Prüfung erkannt haben.)

4. Berufsplanung

Zeitetat: 30 Minuten

1. Schon als Kind hatten Sie wahrscheinlich bestimmte Vorstellungen über Ihren künftigen Broterwerb. Wobei Sie damals weniger an die Verdienstmöglichkeiten dachten und Ihre Vorstellungen auch selten mit dem tatsächlichen Berufsalltag übereinstimmten. Schreiben Sie mit Angabe der Gründe in die erste Tabelle, welche Berufe das waren.
2. Allerdings gibt es auch Berufe, die für Sie niemals in Frage kämen. Die tragen Sie ebenfalls mit einer Begründung in die zweite Tabelle ein.
3. Auch heute noch werden Sie immer wieder mit Berufen konfrontiert, von denen Sie glauben, dass deren Ausübung Ihnen Spaß machen könnte. Schreiben Sie in die dritte Tabelle, welche Berufe Sie jetzt noch interessierten. Wichtig ist auch hier das Warum.

Was ich werden wollte

Beruf	Warum?

Was ich nicht werden wollte

Beruf	Warum?

Was ich jetzt noch gerne werden würde

Beruf	Warum?

Heureka!

(Tragen Sie hier bitte ein, was Sie für sich durch diese Prüfung erkannt haben.)

5. Mit den Augen der Mitmenschen

Zeitetat: 30 Minuten

1. Zu welchen fünf Menschen haben Sie mindestens einmal im Monat oder häufiger Kontakt? Schreiben Sie die Namen dieser Menschen auf, und stellen Sie sich die Personen dabei bildlich vor.
2. Alle diese Menschen haben sich ein Bild über Sie gemacht. Wie, glauben Sie, werden Sie von ihnen wahrgenommen? Welcher Typ Mensch sind Sie in den Augen der fünf Genannten?
3. Überlegen Sie dann, was Sie für diese Menschen wertvoll macht.

■ Mit welchen fünf Menschen haben Sie mindestens einmal im Monat oder häufiger Kontakt?

1. ______________________________
2. ______________________________
3. ______________________________
4. ______________________________
5. ______________________________

Was für ein Typ sind Sie in den Augen dieser Menschen?

Wie werden Sie von ihnen wahrgenommen?

1. ______
2. ______
3. ______
4. ______
5. ______

Was macht Sie für diese Menschen wertvoll?

1. ______
2. ______
3. ______
4. ______
5. ______

Heureka!

______

______

______

______

(Tragen Sie hier bitte ein, was Sie für sich durch diese Prüfung erkannt haben.)

6. Die liebsten Menschen

Zeitetat: 50 Minuten

1. Bei dieser Prüfung ist es hilfreich, dass Sie sich Ihre Lebenssphäre wie eine Zielscheibe aufgebaut vorstellen. Im Zentrum befinden Sie sich selber. Um Sie herum gibt es drei Kreiszonen. Sie bewerten in dieser „Zielscheibe“, welche Personen Ihnen am nächsten sind, wen Sie mit welcher Intensität mögen. Um diese Entscheidung zu erleichtern, beantworten Sie zuerst die vier nachstehenden Fragen, ohne jedoch eine Bewertung vorzunehmen.
2. Dann wählen Sie die Menschen aus, die Sie am liebsten mögen, und ordnen sie den einzelnen Kreisen zu. Die Menschen, an denen Ihnen am meisten liegt, gehören in den ersten Kreis, die Sie am zweitliebsten mögen in den zweiten Kreis, die restlichen in den dritten Kreis.
3. Nehmen Sie anschließend die Namen der sieben Ihnen am nächsten stehenden Personen und tragen sie in die Tabelle ein. Zusätzlich begründen Sie bitte, warum Sie wen mit welcher Intensität mögen.

Vier Fragen vorab:

- **Mit wem arbeiten Sie gerne zusammen?**

___

___

___

■ **Mit wem gehen Sie gerne aus?**

■ **In Gegenwart welcher Menschen fühlen Sie sich wohl?**

■ **Mit wem verbringen Sie gerne Ihre Zeit?**

■ **Der „Ich-mag-dich"-Kreis**

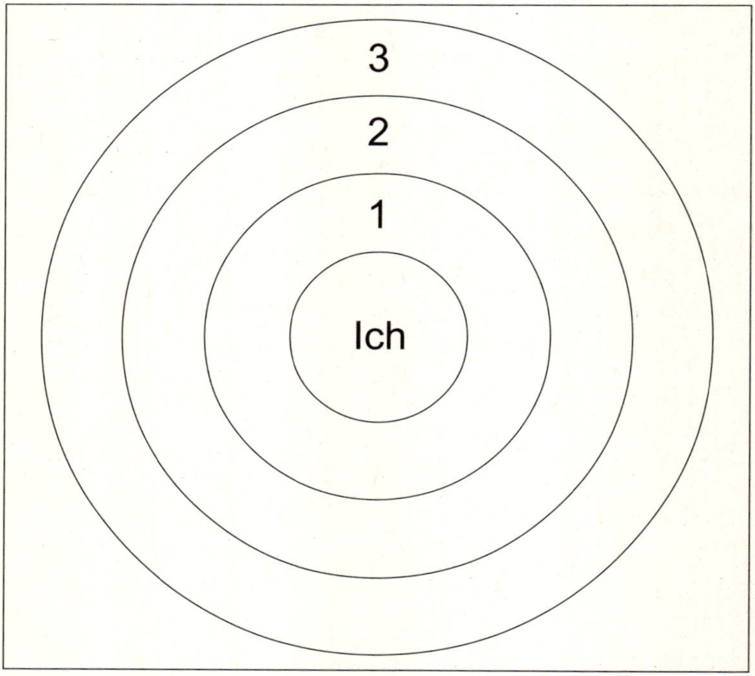

Welche Menschen stehen Ihnen am nächsten und warum?

Name	Warum?

Heureka!

(Tragen Sie hier bitte ein, was Sie für sich durch diese Prüfung erkannt haben.)

7. Die unangenehmsten Menschen

Zeitetat: 50 Minuten

1. Arbeiten Sie bei dieser Prüfung in der gleichen Weise wie in der vorherigen. Beantworten Sie zuerst die vier nachstehenden Fragen, auch diesmal ohne vorab zu bewerten.
2. Dann ordnen Sie die Menschen in den Kreis ein. Diejenigen, die Sie überhaupt nicht mögen, in deren Nähe Sie sich unwohl fühlen, gehören in den ersten Kreis, diejenigen, die Ihnen unsympathisch sind, die Sie aber ertragen können, in den zweiten Kreis. Und die, die Ihnen allgemein nicht besonders sympathisch, aber eigentlich gleichgültig sind, setzen Sie in den dritten Kreis.
3. Dann schreiben Sie die Namen der Menschen, die Ihnen am unangenehmsten sind, in die Tabelle ein und begründen auch hier Ihr Empfinden.

Vier Fragen vorab:

■ **Mit welchen Menschen arbeiten Sie ungern zusammen?**

____

____

____

____

____

■ **Mit wem gehen Sie ungern aus?**

■ **Mit wem fühlen Sie sich nicht wohl?**

■ **Mit wem verbringen Sie ungern Ihre Zeit?**

■ Der „Ich-mag-dich-nicht"-Kreis

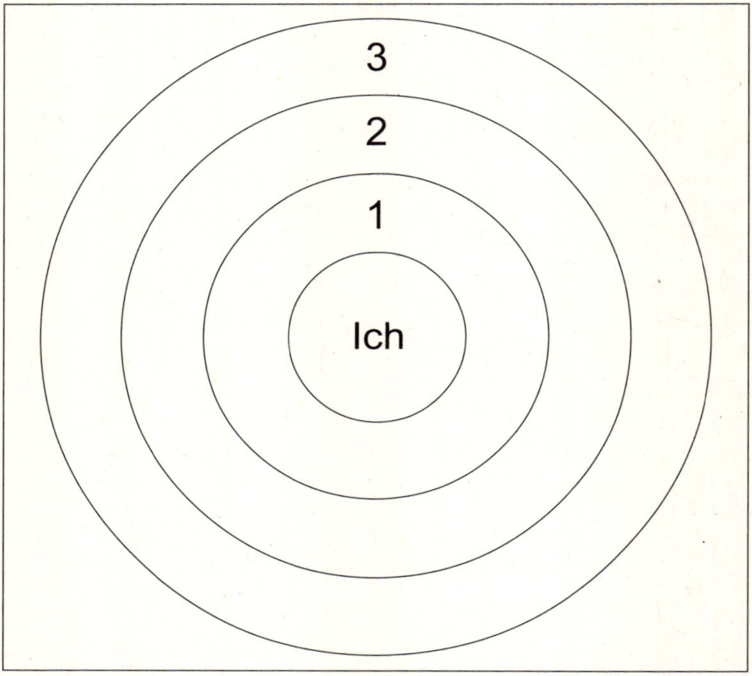

■ **Welche sieben Menschen mögen Sie am wenigsten und warum?**

Name	Warum?

Heureka!

(Tragen Sie hier bitte ein, was Sie für sich durch diese Prüfung erkannt haben.)

■ CHECK - Brain Mapping und Collage

■ Ihr Brain Mapping und Ihre Collage haben Sie bereits vor sich
■ liegen.
■ Was wollen Sie nach diesem Prüfungszyklus daran verändern?

V. Prüfungszyklus

1. Positive Gedanken

Zeitetat: 50 Minuten

1. Überlegen Sie einmal, was Sie an sich selbst mögen. Welche positiven Gedanken gelten Ihrer eigenen Person? Schreiben Sie auf einem Blatt all das auf, was Sie an sich schätzen.
2. Suchen Sie aus all dem Guten die sechs Gedanken heraus, die Ihnen am wichtigsten sind, und tragen Sie diese in die Tabelle ein.
3. In die Spalte „Begründung" schreiben Sie die Auswirkungen dieser positiven Eigenschaften oder Fähigkeiten.

Beispiel

Positiver Gedanke	Begründung
Ich bin lernbegierig.	Wenn ich etwas Neues kennen lerne, möchte ich möglichst viel darüber erfahren. Das hat mir bei meinem beruflichen Erfolg sehr geholfen.

Ungleiche Boten

Der Adler hörte einst viel Rühmens von der Nachtigall und hätte gerne Gewissheit gehabt, ob alles auf Wahrheit beruhe. Darum schickte er den Pfau und die Lerche aus, sie sollten das Federkleid der Nachtigall betrachten und ihren Gesang belauschen. Als sie wiederkamen, sprach der Pfau: „Der Anblick ihres erbärmlichen Kittels hat mich so verdrossen, dass ich ihren Gesang gar nicht gehört habe." Die Lerche sprach: „Ihr Gesang hat mich so entzückt, dass ich vergaß, auf ihr Federkleid zu achten."

Positiver Gedanke	Begründung

Heureka!

(Tragen Sie hier bitte ein, was Sie für sich durch diese Prüfung erkannt haben.)

2. Negative Gedanken

Zeitetat: 30 Minuten

1. Wahrscheinlich kennen Sie an sich selbst auch Eigenschaften, die Sie nicht besonders schätzen. Um diese geht es jetzt.
2. Nehmen Sie wieder ein Blatt Papier, und notieren Sie darauf alles, was Ihnen an sich selbst nicht gefällt.
3. Dann unterstreichen Sie auf Ihrer Liste die sechs für Sie schwerwiegendsten negativen Eigenschaften, übertragen sie in die Tabelle und nennen zur Begründung eine möglichst konkret formulierte Auswirkung.

Beispiel

Negativer Gedanke	Begründung
Ich bin zu ungeduldig.	Wenn einer meiner Mitarbeiter eine Aufgabe nicht schnell genug erledigt, reiße ich sie ihm aus der Hand und mache es selber.

Die Einstellung ist entscheidend

Ein junger Mann bediente einen Kraftmesser und erreichte eine Leistung von 51 Kilo. Nun versetzte ihn ein Psychologe in Hypnose und redete ihm ein, er sei sehr müde, schwach und erschöpft. Unter diesem Eindruck erreichte er an seinem Messgerät nur 14,5 Kilo. Selbstverständlich wurde auch die Gegenprobe gemacht. Das Ergebnis: Der Zeiger des Kraftmessers kletterte auf 71 Kilo.

Negativer Gedanke	Begründung

Mit dem Herzen denken

Der weltberühmte Psychotherapeut C. G. Jung (1875-1961) zitierte gelegentlich einen Indianer, der sich über die Weißen geäußert hatte: "Schau bloß, wie grausam die Weißen aussehen! Ihre Lippen sind dünn, ihre Gesichter voller Falten, gefurcht, verzerrt. Sie haben starre Augen, suchen immer etwas. Was suchen sie bloß? Sie sind rat- und ruhelos. Wir wissen nicht, was sie wollen. Wir verstehen sie nicht... " Jung fragte ihn, warum er denn meine, die Weißen seien alle ruhelos. Da entgegnete der Indianer: Sie denken mit dem Kopf, hast du gesagt. Das verstehen wir nicht." Wo er - der Indianer - denn denke, wollte der Psychotherapeut wissen. „Wir denken hier!" sagte er- und deutete auf sein Herz. Jung versank in langes Nachsinnen.

Heureka!

(Tragen Sie hier bitte ein, was Sie für sich durch diese Prüfung erkannt haben.)

3. Verwandlung der negativen Gedanken

Zeitetat: 30 Minuten

1. Wenn Sie etwas an sich selbst nicht mögen, dann wissen Sie wahrscheinlich genau, wie Sie statt dessen gerne wären oder handeln würden.
2. Nehmen Sie die ungeliebten Eigenschaften der vorhergehenden Übung und wandeln Sie sie in ihr positives Gegenteil um.
3. Auch dazu schreiben Sie zur Begründung eine konkrete Auswirkung der Umkehrung.

Beispiel

Positive Umkehrung	Auswirkung
Ich bin geduldig.	Wenn einer meiner Mitarbeiter eine Aufgabe nicht schnell genug erledigt, spreche ich ihn darauf an. Wir setzen gemeinsam einen Termin für die Bearbeitung fest, und ich gebe notfalls Hilfestellung.

Positive Umkehr	**Auswirkung**

Die kreative Verwandlung

Kenneth Smith hatte sieben Minute Pause zwischen seinen Fahrten als Straßenbahnführer in Baltimore. Der große Platz, an dem seine Fahrt endete, war mit dickem Gebüsch und Gestrüpp bewachsen. Herr Smith beschloss, seine sieben freien Minuten der Arbeit zu widmen. Am Ende jeder Fahrt arbeitete er und rodete die Büsche und das Unkraut. Langsam verwandelte er den Platz, der eine Augenschande gewesen war, in einen Garten. Rote Eichen und Pappeln stehen jetzt dort, umgeben von mexikanischen Rosen, Petunien, Zinnien und Veilchen. Weiche Rasenflächen sind mit weißgetünchten Feldsteinen umrandet. Kies- und Aschenwege führen zu einem Picknickplatz.

Heureka!

(Tragen Sie hier bitte ein, was Sie für sich durch diese Prüfung erkannt haben.)

4. Bilanz Ihrer Berufstätigkeit

Zeitetat: 40 Minuten

1. Wie sehen Sie Ihr derzeitiges Berufsleben? Lassen Sie das letzte Jahr Revue passieren, und gehen Sie dabei gedanklich Ihre Arbeitsbereiche durch. Vielleicht nützt es, wenn Sie vorab Ihre Funktionen auf einem Extrablatt auflisten.
2. Dann beantworten Sie die nachstehenden Fragen. Aber lassen Sie dabei weder die Vorfreude auf einen eventuellen Karrieresprung in drei Monaten noch den Ärger mit dem Chef in der vergangenen Woche mit einfließen.
3. Und auch hier schreiben Sie bitte wieder eine Begründung dazu.

Die Geschichte vom Baum und vom Vogel

Es geschah einmal, dass aus der Erde eine kleine Pflanze emporwuchs. Sie freute sich so über das Licht und die Luft, dass sie sich mit allen Kräften entfaltete und größer und größer wurde. Ja, bald konnte man sehen, wie ein kleiner Baum dastand, mit zarten Zweigen und Blättern, in einem wunderschönen Grün. Eines Tages ließ das Bäumchen seine Blätter traurig hängen, und auch die kleinen Äste neigten sich zur Erde. Ein Vogel, der in dieser Gegend gerne in den Zweigen der Bäume sang, merkte das, flog auf einen der Äste und fragte den jungen Baum, was geschehen sei. „Ach", klagte er, „ich will nicht mehr weiter wachsen. Wenn ich alle die schönen, großen, starken Bäume um mich sehe, wie sie ihre mächtigen Zweige gegen den blauen Himmel recken, dann denke ich: Das schaffst du nie!" Der Vogel wiegte sich eine Weile auf dem biegsamen Ast, während er nachdachte. Dann sagte er: „Du musst Geduld haben. Jeden Tag bekommst du so viel Sonne, Regen und Wind, wie du gerade brauchst. Nimm das und sei zufrieden! Alles andere wird sich von selbst finden."

■ **Was stört Sie an Ihrer jetzigen Tätigkeit?**

Was?	Warum?

■ **Was gefällt Ihnen besonders gut an Ihrer jetzigen Tätigkeit?**

Was?	Warum?

Heureka!

(Tragen Sie hier bitte ein, was Sie für sich durch diese Prüfung erkannt haben.)

5. Warum?

Zeitetat: 45 Minuten

Sie haben sich über viele Tage intensiv mit Ihren Wünschen, Gedanken, Gefühlen, mit Ihren Stärken, Ihrem Beruf und Ihren Mitmenschen auseinander gesetzt. Und wir sind fast sicher, dass sich einige der Ziele, die Sie vorher hatten, verändert haben. Manche haben sich in Luft aufgelöst, andere sind statt dessen hinzugekommen. Jetzt geht es darum, diese Ziele konsequent zu hinterfragen. Denn nur, wenn sie stimmig sind mit Ihrer Persönlichkeit, wenn sie bei der Entwicklung Ihrer Talente dienlich sind, werden Sie den faszinierenden Weg gehen können, den wir Ihnen versprochen haben.

Entscheidend für die Zielerreichung ist, dass ein wirklicher innerer Entschluss vorliegt, eine klare Absicht. Wenn Sie nicht genau begründen können, warum Sie etwas tun wollen, dann wird Ihre Kraft nicht ausreichen. Sie werden weder die Selbstdisziplin noch die Ausdauer haben, um wirklich zu Ihrem Ziel zu gelangen. Es muss eine Herzenskraft dahinterstehen, die klipp und klar sagt: Deswegen! Und die Antwort muss schnell kommen. Zögerliche Antworten wie: „Ich möchte, aber ich weiß noch nicht ganz sicher", oder: „Der Grund ist eigentlich ..., aber ich denke mir...", werden Sie mit Sicherheit daran hindern, die ganze Energie in ein Ziel zu stecken. Überlegen Sie sich in diesem Fall, ob Sie vielleicht einem anderen etwas beweisen möchten, sei es dem Partner, einem Freund oder dem Chef. Oder wollen Sie jemandem nacheifern? Vielleicht orientieren Sie sich auch nur an gesellschaftlichen Normen?

Wenn Sie keine klare Begründung für das Erreichen eines Zieles finden, ist es vielleicht wirklich unwichtig für Sie. Doch prüfen Sie vorher noch einmal genau: Ist dieses Ziel ein notwendiger Schritt, um Sie der übergeordneten Vision näher zu bringen? Was steht Ihnen zur Verfügung, um es doch erreichen zu können? Vielleicht sind Sie nur blockiert, weil Sie glauben, niemals genügend Kraft und Ressourcen aufzubringen und ganz bestimmt nicht das nötige Talent haben, um dieses Ziel zu verwirklichen.

1. Schreiben Sie in der linken Spalte alle Ziele auf, und stellen Sie absolut sicher, warum Sie diese Ziele erreichen wollen. Was bringen sie Ihnen genau? Die Antwort auf die Frage nach dem Warum ist der Gradmesser der Identifikation mit Ihren Zielen.
2. Je konkreter Sie das Warum hinterfragen, umso besser werden Sie sich mit dem Ziel identifizieren können. Die Begründung, ein Ziel bloß darum erreichen zu wollen, weil Sie dann erfolgreich sind oder sich einen Traum erfüllt haben, reicht also nicht aus.
3. Bombardieren Sie jedes Ziel mit der Frage nach dem Warum. Der nützliche Nebeneffekt dabei ist: Je umfassender Sie ein Ziel begründen können, umso klarer werden Sie erkennen, wie Sie es erreichen werden.

Ziele	**Warum?**

Heureka!

✎

(Tragen Sie hier bitte ein, was Sie für sich durch diese Prüfung erkannt haben.)

6. Die größten beruflichen Stärken

Zeitetat: 40 Minuten

1. Welche besonderen Begabungen, Fähigkeiten und Stärken kommen Ihnen im Beruf zugute?
2. Schreiben Sie die drei wichtigsten auf.
3. Auch diesmal geht es nicht ohne Begründung. Also: Wie wirken sich diese Stärken auf Ihr Berufsleben aus?

Auf den Blick kommt es an

Ein anerkannter Schriftsteller erzählte an seinem 80. Geburtstag im Rückblick auf sein Leben: „Von Kind an war ich nur 30 Prozent arbeitsfähig. Bis zu meinem 40. Lebensjahr habe ich mit meinem Schicksal gehadert und mich bemitleidet. Mein Leben blieb un-fruchtbar. Dann kam die Wende. Mein Arzt lehrte mich, mit Hilfe meiner Frau mein Leben anders zu sehen. Ich lernte, mein Leben mit meiner Behinderung anzunehmen. Von da an habe ich gesagt: „Ich bin noch 30 Prozent arbeitsfähig. Und diese 30 Prozent habe ich genutzt." Sein Leben wurde fruchtbar. Er wurde ein bedeutender Schriftsteller und Philosoph.

Beispiel

Berufliche Stärke	Auswirkung
Ich bin ordnungsliebend, gewissenhaft und pünktlich.	Meine Kollegen schätzen meine Zuverlässigkeit und Sorgfalt.

■ **Und wie sieht es mit Ihren Stärken aus?**

Berufliche Stärke	Auswirkung

Heureka!

✎ ____

____

____

____

(Tragen Sie hier bitte ein, was Sie für sich durch diese Prüfung erkannt haben.)

7. Was wollen Sie wirklich?

Zeitetat: 50 Minuten

1. Um das Warum noch näher zu hinterfragen, können Sie mit der folgenden Prüfung Ihre Zielsetzungen sehr genau erforschen.
2. Drei Fragen werden jeweils zehnmal wiederholt, wobei die letzte Antwort eines Fragenblocks gleichzeitig die erste des nächsten ist.
3. Eine kleine Schwierigkeit gibt es allerdings: Sie dürfen eine Antwort nicht zweimal geben, und Sie müssen durchhalten bis zum zehnten Fragenblock!

Beispiel

Nehmen wir an, eines Ihrer Ziele hieße „Zufriedenheit im Alltag“. Dann könnten die ersten drei Schritte so aussehen:

Frage	Antwort?
Was wollen Sie wirklich? Was wollen Sie dafür tun? Welche Erfahrung Sind Sie bereit, dabei zu machen?	Zufriedenheit. Ausprobieren, was Freude macht. Neues und Unbekanntes zu erfahren.
Was wollen Sie wirklich? Was wollen Sie dafür tun? Welche Erfahrung Sind Sie bereit, dabei zu machen?	Neues und Unbekanntes erfahren. Ungewohnte Aufgaben übernehmen. Meine Grenzen kennen lernen.
Was wollen Sie wirklich? Was wollen Sie dafür tun? Welche Erfahrung Sind Sie bereit, dabei zu machen?	Meine Grenzen kennen lernen. Herausforderungen annehmen. Die Angst zu überwinden.

■ Nun sind Sie an der Reihe. Welches Ziel empfinden Sie als wichtig, ohne genau zu wissen, was Sie damit anstreben wollen?

Frage	Antwort?
Was wollen Sie wirklich? Was wollen Sie dafür tun? Welche Erfahrung Sind Sie bereit, dabei zu machen?	
Was wollen Sie wirklich? Was wollen Sie dafür tun? Welche Erfahrung Sind Sie bereit, dabei zu machen?	
Was wollen Sie wirklich? Was wollen Sie dafür tun? Welche Erfahrung Sind Sie bereit, dabei zu machen?	
Was wollen Sie wirklich? Was wollen Sie dafür tun? Welche Erfahrung Sind Sie bereit, dabei zu machen?	
Was wollen Sie wirklich? Was wollen Sie dafür tun? Welche Erfahrung Sind Sie bereit, dabei zu machen?	

Frage	Antwort?
Was wollen Sie wirklich? Was wollen Sie dafür tun? Welche Erfahrung Sind Sie bereit, dabei zu machen?	
Was wollen Sie wirklich? Was wollen Sie dafür tun? Welche Erfahrung Sind Sie bereit, dabei zu machen?	
Was wollen Sie wirklich? Was wollen Sie dafür tun? Welche Erfahrung Sind Sie bereit, dabei zu machen?	
Was wollen Sie wirklich? Was wollen Sie dafür tun? Welche Erfahrung Sind Sie bereit, dabei zu machen?	
Was wollen Sie wirklich? Was wollen Sie dafür tun? Welche Erfahrung Sind Sie bereit, dabei zu machen?	

Die Geschichte vom eiligen Mann

Einmal war ein Mann so eilig, dass er am liebsten gar keine Zeit für irgendetwas brauchen wollte. Morgens lief er aus dem Haus und sprang in den Autobus. Aber der Autobus fuhr ihm viel zu langsam. An der nächsten Haltestelle sprang der Mann wieder auf die Straße und rannte vor dem Autobus her. An der Kreuzung war gerade die Ampel rot, aber der Mann hatte gar keine Zeit, irgendetwas zu merken. Er rannte weiter. Die Autos hupten, die Leute schrien. Aber das hat der Mann nicht mehr gehört. Er war schon an der nächsten Straßenkurve, und vor Eile lief er einfach geradeaus weiter, mitten durch ein Haus! Eine Familie wollte gerade frühstücken, und der Mann sprang über den Tisch und warf die Tassen und Teller hinunter, und schon war er wieder zum Fenster hinaus. Er hatte auch gar keine Zeit: „Entschuldigen Sie bitte!" zu sagen. Jetzt war er in einem Hof, der ringsum hohe Mauern hatte. Der Mann übersah vor Eile das Tor und rannte mit dem Kopf gegen die Mauer. Aber er hatte ja keine Zeit, über irgendetwas nachzudenken, darum drehte er sich einfach nur um und eilte wieder zurück: durch das Haus, über die Kreuzung und die Straße entlang, bis er auf einmal wieder zu Hause war. Da wunderte er sich!

Heureka!

(Tragen Sie hier bitte ein, was Sie für sich durch diese Prüfung erkannt haben.)

CHECK - Brain Mapping und Collage

Fünf Prüfzyklen mit insgesamt 35 Prüfungen haben Sie für sich Neues erkennen lassen, und etwas Altes ist wahrscheinlich weggefallen.

Ihr Brain Mapping verändert sich wiederum, und ebenfalls die Collage.

VI. Prüfungszyklus

1. Die gute Fee

Zeitetat: 10 Minuten

1. Stellen Sie sich einmal vor, eine Fee stünde plötzlich vor Ihnen und fragte Sie nach Ihren größten Wünschen. Sie wissen doch, in der Märchenwelt ist alles möglich. Welche Wünsche kämen Ihnen dann in den Kopf?
2. Denken Sie gut nach, denn Sie wissen: Feen sind unbestechlich, und ein einmal geäußerter Wunsch wird sich erfüllen. Auch dann, wenn damit ungewollte Begleiterscheinungen verbunden sind.
3. Schreiben Sie Ihre drei wichtigsten Wünsche auf. Entscheiden Sie sich also nicht spontan, denken Sie etwas nach.

Der Prinz und sein Schatten

Ein reicher Prinz liebte schöne Kleider, goldene Spangen und kostbare Ringe. So geschmückt zeigte er sich nur am Morgen, wenn die Sonne ihm ins Angesicht schien, seinem Volke, und er war glücklich, wenn alles funkelte und glänzte und die Menschen ihm zujubelten. Einmal trat der Prinz am späten Nachmittag vor sein Volk. Die Sonne stand in seinem Rücken, und der junge Mann sah zum ersten Mal seinen eigenen Schatten. Da überkam ihn ein unbändiger Zorn. Sofort ließ er sein Pferd satteln. Er wollte fort. Als Prinz konnte er nicht einem Land herrschen, über das sein Schatten fiel. Er wollte da leben, wo es keinen Schatten gibt. So ritt er davon. Er reitet noch heute.

■ **Welche Wünsche nennen Sie der Fee?**

Ihr 1. Wunsch: ______________________________

____

____

Ihr 2. Wunsch: ______________________________

____

____

Ihr 3. Wunsch: ______________________________

____

____

Heureka!

____

____

____

____

(Tragen Sie hier bitte ein, was Sie für sich durch diese Prüfung erkannt haben.)

2. Ihre größten Stärken

Zeitetat: 30 Minuten

1. Schreiben Sie jetzt spontan Ihre sechs größten Stärken auf. Was lässt Sie glauben, dass Sie diese Stärken haben? Begründen Sie sie!
2. Dann bitten Sie einen vertrauten Menschen darum, dass er aufschreibt, welche Stärken er an Ihnen wahrnimmt und wodurch sie sich äußern.
3. Anschließend vergleichen Sie Ihre Aussagen mit denen, die er notiert hat.

Beispiel

Stärke	Begründung
Ich bin ein guter Freund.	Wenn es einem meiner Freunde schlecht geht, bin ich für ihn da.
Ich bin diszipliniert.	Ich erledige anstehende Arbeiten sofort und sorgfältig.

Sie trägt eine Perle in sich

Eine Auster klagt der anderen: „Ich habe Schmerzen; es ist, als trüge ich eine Kugel aus Blei in meinem Leib. Was soll daraus werden ...?" Die andere Auster erwidert stolz: „Ich fühle mich kerngesund, bin munter und fidel. Du wirst an deiner Kugel noch sterben; ich habe das Leben noch vor mir." Ein Krebs, der dem Gespräch der beiden gelauscht hat, meint: „Was verstehst du, stolze Auster, schon vom Leben? Du meinst, Jugend, Schönheit und Gesundheit seien alles. Sie hat Schmerzen, aber sie trägt eine Perle in sich."

Was sind Ihre Stärken? Wie begründen Sie sie?

Stärke	Begründung

Welche Stärken, die Sie nicht genannt haben, hat Ihr Vertrauter aufgeschrieben? Womit wurden sie begründet?

Stärke	Begründung

Heureka!

(Tragen Sie hier bitte ein, was Sie für sich durch diese Prüfung erkannt haben.)

3. Die Resultate Ihrer Stärken

Zeitetat: 40 Minuten

1. Nehmen Sie noch einmal Ihre sechs Stärken und überlegen Sie, zu welchen Resultaten, die für Ihr Weiterkommen wichtig sind, diese Stärken geführt haben.
2. Vielleicht sind die Resultate Ihrer Stärken nun aber nicht ganz so zufrieden stellend, wie Sie es sich wünschen. Tragen Sie in der zweiten Tabelle ein, in welchen Bereichen Ihres Lebens Sie unzufrieden sind und wie sich das äußert. Wo könnten Sie Ihrer Meinung nach mehr mit Ihrer Stärke erreichen?
3. Schreiben Sie daneben, wie diese Bereiche aussähen, wenn sich alles zu Ihrer Zufriedenheit änderte.

Beispiel

Stärke	Resultat
Ich bin diszipliniert.	Dank meiner Disziplin habe ich auch ohne Studium einen gut bezahlten Job.

Unzufriedenheit	Zufriedenheit
Obwohl es eine meiner Stärken ist, aufmerksam und liebevoll mit meinem Partner umzugehen, spüre ich zu selten seine Zuneigung.	Liebe und Zärtlichkeit sind ein wesentlicher Bestandteil unseres gemeinsamen Lebens.

Zu welchen Resultaten haben Ihre Stärken geführt?

Stärke	Resultat

Die Veränderung der Unzufriedenheit

Unzufriedenheit	Zufriedenheit

Heureka!

(Tragen Sie hier bitte ein, was Sie für sich durch diese Prüfung erkannt haben.)

4. Spiegelgespräche

Zeitetat: 15 Minuten

1. Stellen sich bitte vor einen Spiegel, und schauen Sie dem Menschen, der Ihnen jetzt gegenübersteht, tief in die Augen. Erzählen Sie ihm von Ihren Stärken, sagen Sie ihm, was Sie können, und begründen Sie es.
2. Ihr Spiegelbild ist ein strenger Kritiker. Es reagiert sofort, wenn eine Ihrer Aussagen nicht stimmig ist. Achten Sie darauf! Sobald Sie nicht authentisch sind, wird sich das in seinem Ausdruck widerspiegeln.
3. Sollte das der Fall sein, formulieren Sie Ihren Satz so lange um, bis das Spiegelbild Ihnen wieder freundlich und entspannt in die Augen sieht.

Ein Baum erzählt

„Als ich noch kleiner war, merkte ich nichts. Aber als ich dann heranwuchs und mich selbst betrachtete, fiel mir der Unterschied auf. Ich war klein, knorrig, ein wenig krumm und verwachsen. Die anderen Bäume, die ich sehen konnte, waren dagegen prächtig: machtvolle Buchen mit einer riesigen Krone, hohe schlanke Tannen und Bergahorn, der im Herbst herrlich gelb leuchtete. Ich stehe, müsst ihr wissen, an einer Felswand auf einem schmalen Vorsprung und habe meine Wurzeln in das bisschen Erde und in die Felsritzen gekrallt. Ich träumte davon, groß und schön zu werden; meine Krone sollte sich im Wind wiegen, der Regen meine Blätter streicheln und die Sonne sie wieder trocknen. Aber ich blieb klein. Der Wind fegte durch meine Äste, wenn er auf die Felswand zu blies, und die Sonne wärmte mich nur bis zum Mittag, bevor sie hinter der Felswand verschwand, um nur die Bäume im Tal und am gegenüberliegenden Berghang zu bescheinen. Warum musste ich gerade hier stehen? Aus dem bisschen Erde konnte ich nicht genug Kraft schöpfen, um heranzuwachsen und all meine Schönheit, die doch in mir steckt, zu entfalten. Ich war unzufrieden mit meinem Schicksal. Warum musste ich so sein und so werden?

Eines Tages an einem schönen Vorfrühlingsmorgen, als die Erde vom Tal bis zu mir herauf duftete, die Singdrosseln ihr Lied begannen und mich die allerersten Sonnenstrahlen küssten, durchrieselte es mich warm und wohlig. Was für eine herrliche Aussicht! So weit wie ich konnte kaum ein anderer Baum ins Tal und in die Ferne sehen. Die Felswand hinter mir beschützte mich vor der eisigen Kälte, die vom Gletscher herunterwehte. Von diesem Tag an begann ich nachzudenken, und langsam wurde mir klar: Ich bin, so wie ich bin, etwas Besonderes. Meine Besonderheit ist mein krummer Stamm, sind meine knorrigen Wurzeln, meine kurzen, kräftigen Äste. Ich passe hier an meinen Platz und bin etwas wert. Ich muss nur die Augen aufmachen und mich richtig ansehen. Die anderen Bäume, die Tannen am Hang gegenüber und die Buchen im Tal, haben ihre Schönheit und sind am richtigen Platz, wo sie stehen. Aber auch ich habe meinen Platz und stehe richtig auf meinem Felsvorsprung. Warum hat es nur so lange gedauert, bis ich das erkannt habe?"

Heureka!

(Tragen Sie hier bitte ein, was Sie für sich durch diese Prüfung erkannt haben.)

5. Einem Freund die Stärken sagen

Zeitetat: 60 Minuten

1. Erzählen Sie Ihrem besten Freund von Ihrer wichtigsten Lebensvision. Schildern Sie ihm, warum Sie glauben, diese Vision auf jeden Fall zu verwirklichen. Welche Stärken nützen Ihnen dabei? Welche Talente unterstützen Sie? Welche Ziele müssen Sie erreichen, um dieser Vision Schritt für Schritt näher zu kommen?

2. Bitten Sie Ihren Freund, möglichst kritisch auf Ihre Aussagen zu reagieren. Jedes Ziel wird mit einem „Warum?" hinterfragt, jedes Talent, jede Stärke mit einem „Na und?" abgetan. Jedes Argument wird mit einem Gegenargument vom Tisch gefegt. Das mag manchmal schmerzhaft oder frustrierend sein, ist aber sehr hilfreich, wenn es darum geht zu erkennen, wie weit Talente und Visionen und die daraus abgeleiteten Ziele mit Ihrem Wesenskern übereinstimmen.

3. Gehen Sie dann gemeinsam mit diesem Freund an einen Ort, an dem Sie nach Herzenslust schreien dürfen. Und aus vollem Hals rufen Sie dann in die Welt, was Sie erreichen werden und welche Stärken und Talente Sie dabei unterstützen. Ihr Freund hat jetzt die Aufgabe, darauf zu achten, dass Sie nicht nur leise und verschämt vor sich hinmurmeln, sondern wirklich aus Leibeskräften und mit strahlendem Gesicht der Welt Ihre Überzeugung kund tun.
   Wenn Sie in der Nähe eines rauschenden Flusses wohnen, umso besser! Brüllen Sie so laut wie möglich gegen das Wasser an.

Zeichne mir einen Hahn!

Ein chinesischer Kaiser hörte von einem großen Künstler, der sich auf Tuschezeichnungen verstand. Er stand von seinem Thron auf, und mit allen um ihn herum besuchte er den Künstler. ‚Zeichne mir einen Hahn", sagte der Kaiser, „ich mag Hähne." Dies versprach der Künstler. Und der Kaiser kehrte zurück und setzte sich wieder auf seinen Thron. Nach drei Jahren erinnerte sich der Kaiser an den Künstler und fragte nach dem Hahn. Niemand wusste etwas darüber. Da stand der Kaiser wieder von seinem Thron auf, und mit allen um ihn herum besuchte er den Künstler. Er wollte ihn zur Rechenschaft ziehen. „Wo ist die Tuschezeichnung, die ich in Auftrag gab? Einen Hahn solltest du mir zeichnen, denn ich mag Hähne." „Nun ja, dein Hahn", erwiderte der Künstler. Und er nahm ein großes Blatt und zeichnete in wenigen Augenblicken einen wunderschönen Hahn. Der Kaiser war zufrieden. Über den Preis allerdings war er erschrocken. „In wenigen Augenblicken zeichnest du mühelos einen Hahn und willst so viel Geld haben?" Da nahm ihn der Künstler mit und führte ihn durch sein Haus. In allen Räumen lagen große Papierstöße mit Zeichnungen - und auf allen Blättern Hähne. Siehst du", sagte der Künstler, oder Preis ist gerecht. Was dir so mühelos und einfach erscheint, das hat mich viel gekostet. Über drei Jahre habe ich gebraucht, um dir in wenigen Augenblicken diesen Hahn zu zeichnen."

Heureka!

✎ ____

____

____

____

(Tragen Sie hier bitte ein, was Sie für sich durch diese Prüfung erkannt haben.)

6. Ihre größten Schwächen

Zeitetat: 20 Minuten

1. Was halten Sie für Ihre größten Schwächen?
2. Meist sehen wir unsere Schwächen als etwas an, was man dringend verändern sollte. Aber: Gerade in den Schwächen liegen häufig viele Chancen und Möglichkeiten. Welche Chancen sehen Sie in Ihren Schwächen?
3. Und dennoch: Wenn Sie diese Schwächen gegen etwas anderes eintauschen könnten, was würde Sie zufrieden machen?

Weil er nutzlos war

Ein Zimmermann und sein Lehrling gingen miteinander durch einen großen Wald. Als sie auf einen riesengroßen, wunderschönen alten Eichbaum stießen, fragte der Zimmermann seinen Lehrling: „Weißt du, weshalb der Baum so groß, so knorrig, so alt und so wunderschön ist?" Der Lehrling schaute seinen Meister an und sagte: „Nein ... warum?" „Deshalb", sagte der Zimmermann, ‚weil er nutzlos war. Wäre er brauchbar gewesen, dann wäre er schon lange gefällt und zu Tischen und Stühlen verarbeitet worden. Aber weil er unbrauchbar war, konnte er so groß und so wunderschön werden, dass man sich nun in seinen Schatten setzen und sich unter ihm erholen kann.

Schwäche	Chancen	Zufriedenheit

Heureka!

(Tragen Sie hier bitte ein, was Sie für sich durch diese Prüfung erkannt haben.)

7. Ihre Wunsch-Stärken

Zeitetat: 30 Minuten

1. Nach all den bisherigen Überlegungen wünschen Sie jetzt vielleicht andere Stärken, als die, die Sie an sich selbst erkennen.
2. Schreiben Sie auf, welche sechs Stärken Sie sich am meisten wünschen und welche Resultate Sie glauben, damit zu erzielen.
3. Fragen Sie sich anschließend, was Sie an der Entwicklung der gewünschten Schwächen hemmt. Worin sehen Sie die größten Hindernisse?

Gewünschte Stärke	Resultat

Gewünschte Stärke	Hindernis

Heureka!

(Tragen Sie hier bitte ein, was Sie für sich durch diese Prüfung erkannt haben.)

■ CHECK - Brain Mapping und Collage

■ Auch vor dem letzten Prüfungszyklus überprüfen Sie noch einmal
■ Brain Mapping und Collage, ob weitere Verfeinerungen
■ vorgenommen werden können.

VII. Prüfungszyklus

1. Ein zerknülltes Blatt Papier

Zeitetat: 45 Minuten

1. Nehmen Sie irgendein Blatt Papier und zerknüllen Sie es. Dann legen Sie es vor sich hin und betrachten es ungefähr zehn Minuten lang, um es anschließend auf mindestens fünf Seiten zu beschreiben.
2. Allerdings nicht aus Ihrer Sicht, sondern aus der Sicht des zerknüllten Papiers. Welche Gedanken und Gefühle aus der Vergangenheit, in der Gegenwart und für die Zukunft hat das Papier?
3. Hier ist Ihre Fantasie gefragt. Vergessen Sie also einmal das rationale Denken. Schreiben Sie spontan all das auf, was Ihnen einfällt, wenn Sie sich vorstellen, Sie seien das Blatt Papier.

Auflösung

Wahrscheinlich interessiert es Sie zu erfahren, was diese Prüfung mit Ihnen zu tun hat. Nun, in dieser wie in den folgenden zwei Prüfungen geht es um das Erkennen Ihrer Gedankenstruktur.

Fühlt sich das Papier unwohl, weil es jetzt hässlich und zerknittert auf dem Tisch liegt? Empfindet es gar eine große Hilflosigkeit, weil es sich den kräftigen Händen, die ihm eine neue Form aufdrängten, nicht widersetzen konnte? Oder: Freut es sich, dass es nicht länger ein langweiliges Blatt Papier wie alle anderen ist, sondern dass etwas Neues und Einmaliges aus ihm entstanden ist? Und die kleine Spitze, die seitlich herausragt, findet es sogar besonders lustig. Vielleicht aber auch: „Es interessiert mich gar nicht, was mit mir gemacht wurde und was aus mir entstanden ist. Papier ist Papier, ob als glatter Bogen oder als zerknülltes Blatt."

Welche Gedanken haben Sie in das Papier hineininterpretiert? Positive, negative oder neutrale? Diese Gedanken haben natürlich etwas mit Ihnen zu tun: Sie entsprechen Ihrer Gedankenwelt, Ihrer Innenwelt. Nicht umsonst heißt es: Du bist, was du denkst.

Unterstreichen Sie nun jede positive Aussage mit Grün, jede neutrale mit Blau, jede negative mit Rot. Sie werden schnell erkennen, welche Gedanken in Ihnen vorherrschen. Sollten es überwiegend negative sein, dann ist es angebracht, dass Sie sich so oft wie möglich die Zeit nehmen, die Gedanken zu hinterfragen, die Ihnen im Laufe des Tages durch den Kopf gehen. Denn niemand wird seinen Lebensweg mit Freude und Faszination gehen, wenn er schon den kleinsten Regentropfen dafür verantwortlich macht, dass der Tag vermiest ist. Und wenn die negativen Gedanken Ihrer eigenen Person gelten, wie können Sie dann selbstsicher und zuversichtlich Ihre Talente entfalten und Ihre Ziele erreichen? Und noch etwas: Negative Gedanken gehen einher mit negativen Gefühlen. Und die Summe negativer Gefühle ist der Auslöser so mancher Krankheit.

Heureka!

____

____

____

____

(Tragen Sie hier bitte ein, was Sie für sich durch diese Prüfung erkannt haben.)

2. Das Objekt

Zeitetat: 90 Minuten

1. Auch bei dieser Prüfung ist Ihre Fantasie gefragt. Diesmal geben wir Ihnen allerdings nicht vor, in was Sie sich hineinversetzen sollen, diesmal dürfen Sie selbst wählen. Zwei Bedingungen gibt es allerdings: Sie müssen hinausgehen in die freie Natur (und damit meinen wir nicht Ihren Balkon oder die Terrasse). Und Sie sollten allein sein, um zu vermeiden, dass durch die Unterhaltung mit einem anderen Menschen fremde Gedanken einfließen.
2. Mit einem Stift und einem Schreibblock suchen Sie sich einen Ort, an dem Sie sich wohl fühlen. Dann wählen Sie ein Objekt, das Ihnen sympathisch ist. Das kann ein von Menschen geschaffener Gegenstand oder ein Naturobjekt sein. Wenn Sie eines gefunden haben, nehmen Sie sich konsequent eine halbe Stunde Zeit, um es zu beobachten und sich hineinzuversetzen. Stellen Sie sich vor, dass Sie selbst das Objekt seien.
3. Auch bei dieser Übung sollen Sie keine einfache Gegenstandsbeschreibung geben. In der nächsten halben Stunde beschreiben Sie aus der Perspektive des gewählten Objektes seine Umwelt. Wie fühlt es sich? Was findet es gut, was schlecht? Wie war seine Vergangenheit? Wie wird seine Zukunft sein? Wie fühlt es sich im Moment? Nochmals: Sie sollen das Objekt nicht aus Ihrer Sicht beschreiben. Sie sind jetzt das Objekt!

Auflösung

Sie ahnen es wohl schon: Auch bei dieser Prüfung ging es nicht um das Objekt, sondern wiederum um Sie, um Ihre innere Welt. Vielleicht ist das von Ihnen ausgewählte Objekt eine Eiche, die stolz darauf ist, schon seit Jahrzehnten an der gleichen Stelle zu stehen. Ihre stabilen Wurzeln geben ihr die Sicherheit, dass sie auch noch in weiter Zukunft dort stehen wird - dauerhaft und unveränderlich. Oder haben Sie sich für das kleine Bächlein entschieden, immer unterwegs und immer Neues erlebend?

Auch hier ist es wieder sinnvoll, die positiven, negativen oder neutralen Gedanken zu beleuchten. Denn die Eiche könnte sich auch unwohl fühlen, weil einer ihrer Äste beim letzten Sturm abgeknickt wurde, oder neidisch auf die kleine Birke sein, die in einiger Entfernung steht.

Aber es kommt noch etwas hinzu: Durchforsten Sie doch einmal Ihre Vergangenheit. Weckt das Objekt, das Sie sich für diese Prüfung ausgesucht haben, vielleicht die Erinnerung an ein Erlebnis aus der Vergangenheit? Wenn Sie feststellen, dass es da tatsächlich etwas gibt, dann vergleichen Sie Ihre Beschreibung des Objekts einmal mit den Gefühlen, die Sie bei dem erinnerten Erlebnis hatten. Sollten Sie jetzt Übereinstimmungen feststellen, werden Sie wohl nicht mehr so leicht behaupten: „Die Gedanken sind frei.“

Heureka!

____

____

____

____

(Tragen Sie hier bitte ein, was Sie für sich durch diese Prüfung erkannt haben.)

3. Der Gegenstand

Zeitetat: 40 Minuten

1. Nehmen Sie sich einige Minuten Zeit für einen gemächlichen Rundgang durch Ihre Wohnung. Welche Gegenstände fallen Ihnen auf, von denen Sie der Meinung sind, dass sie zu Ihnen passen?
2. Wählen Sie einen dieser Gegenstände aus. Dann nehmen Sie ihn mit zu einem bequemen Platz und nehmen sich wieder einige Minuten Zeit, um ihn zu betrachten.
3. Begründen Sie anschließend, warum Sie ausgerechnet diesen Gegenstand ausgesucht haben. Was hat er mit Ihnen zu tun? Warum glauben Sie, dass er zu Ihnen passt?

■ Auflösung

Diesmal hinterfragen Sie nicht die möglichen Gedanken des Gegenstandes, diesmal geht es ganz konkret um Sie selbst. Wenn Sie ehrlich mit sich selbst umgehen, brauchen Sie kein Psychologie-Studium, um Ihre Innenwelt kennen zu lernen.

Geben Sie sich bitte nicht mit der Aussage zufrieden, dass der Bleistift deshalb zu Ihnen passe, weil er ebenso schlank ist wie Sie. Damit kommen Sie nicht weiter. Die Antwort, dass Sie deshalb den Bleistift gewählt haben, weil Ihr Großvater seine wunderschönen Gedichte mit einem Bleistift niederschrieb, ist da schon ein besserer Ansatzpunkt. Allerdings ist die Frage, warum Sie glauben, dass ein Bleistift zu Ihnen passt, auch damit nicht erschöpfend beantwortet.

Hilfestellung kann Ihnen bei dieser Prüfung niemand geben. Denn nur Sie können ergründen und begründen, warum Sie ausgerechnet diesen einen Gegenstand ausgesucht haben.

Und dafür kann alles Mögliche von Bedeutung sein: Die Farbe, die Form, der Sinn des Gegenstandes, ob Sie ihn selbst gekauft oder geschenkt bekommen haben, wer ihn geschenkt hat und zu welchem Anlass, welche Erinnerungen mit ihm verbunden sind usw.

Erst alles zusammengenommen gibt eine ausreichende und aufschlussreiche Begründung für die Wahl ausgerechnet dieses Gegenstandes.

Der Eilige

Der Berditschewer sah einen auf der Straße eilen, ohne rechts und links zu schauen. „Warum rennst du so?", fragte er ihn. „Ich gehe meinem Erwerb nach", antwortete der Mann. „Und woher weißt du", fuhr der Rabbi fort zu fragen, ,,dein Erwerb laufe vor dir her, dass du ihm nachjagen musst? Vielleicht ist er dir im Rücken, und du brauchst nur innezuhalten, um ihm zu begegnen, aber du fliehst vor ihm."

Heureka!

✎ ____

____

____

____

(Tragen Sie hier bitte ein, was Sie für sich durch diese Prüfung erkannt haben.)

4. Wen bewundern Sie am meisten?

Zeitetat: 30 Minuten

1. Welche Menschen sind Ihnen besonders positiv aufgefallen? Das können Menschen aus Ihrer Umgebung sein, aber auch Politiker, Künstler, Wissenschaftler, Sportler, Manager, Persönlichkeiten, die Sie nur aus den Medien kennen. Nennen Sie bitte sechs Menschen, die Sie für sich als Vorbild sehen.
2. Häufig ist es aber gar nicht die Person, die bewundert wird, sondern deren Fähigkeiten. Das „Idol" verkörpert also meist einen Zustand oder eine Fähigkeit, die man sich selbst wünscht. Begründen Sie, warum Sie die von Ihnen genannten Personen bewundern.
3. Überlegen Sie anschließend, was Sie in sich entwickeln müssen, um das zu können, was das Vorbild kann.

Und nun eine kleine, provozierende Frage am Rande, die mit den Menschen, die Ihr Vorbild sind, nichts zu tun hat - eher das Gegenteil ist der Fall: Kann es sein, dass einer der Menschen, die Sie nicht mögen, etwas ereicht hat, was auch Sie anstreben, oder dass er Talente hat, die Sie selbst entfalten möchten? Nehmen Sie sich ruhig die Zeit, auch darüber einmal gründlich nachzudenken.

■ **Wen bewundern Sie und warum?**

Wen?	Warum?

Heureka!

✎ ____

____

____

____

(Tragen Sie hier bitte ein, was Sie für sich durch diese Prüfung erkannt haben.)

5. Ofenbank

Zeitetat: 60 Minuten

„Häufig saß mein Großvater auf seiner Ofenbank und sinnierte über sein Leben. Was hatte er in seinem Leben erreicht, was hat es ihn gekostet, und welchen Nutzen hat es ihm gebracht?“

Jede Zielerreichung ist mit einem persönlichen Vorteil oder Nutzen verbunden. Aber es kostet auch einen ganz bestimmten Preis, dorthin zu gelangen.

Überlegen Sie einmal, was es Sie kosten wird und wie schmerzhaft es sein wird, wenn Sie das Ziel, für das Sie sich entschieden haben, nicht erreichen. Wie wird sich Ihr Leben verändern, was werden Sie verlieren? Wenn Sie all Ihre Ersparnisse in das Ziel stecken, werden Sie mittellos dastehen, wenn Sie unterwegs aufgeben. Und wenn Sie das Abitur nachholen wollen, wird Sie das über einige Jahre einen Großteil Ihrer Freizeit kosten. Zudem ist Ihnen die Zeit, die Sie in ein Ziel investiert haben, für ein anderes verloren gegangen. Aber vielleicht wiegt es noch schwerer, dass Sie die Selbstachtung verlieren oder keinen Mut mehr haben, ein neues Ziel anzugehen.

Die „Ofenbank“ ist eine angenehme Kosten/Nutzen-Rechnung: Was kostet es, ein Ziel zu erreichen, das mir nützlich ist? Aber fragen Sie sich doch einmal, was es kostet, ein Ziel nicht zu erreichen. Denn die Entscheidung für ein Ziel ist auch gleichzeitig die Entscheidung gegen ein anderes mögliches Ziel. Jedes Ziel hat seinen Preis. Sie müssen die Verantwortung dafür übernehmen und die Konsequenzen tragen.

Wenn es denn Ihr Herzenswunsch ist, in einem Jahr perfekt Spanisch zu sprechen - denn nur dann können Sie sich für die frei werdende Auslandsstelle bewerben -, ordnen Sie ein anderes Ziel unter. Beispielsweise den Kauf einer Immobilie, wofür Sie vielleicht etliches an Mehrarbeit leisten müssten, um mehr Geld zu verdienen. Und dann besuchen Sie zweimal wöchentlich den anstrengenden Spanisch-Kurs. Natürlich bleibt Ihnen nun keine Zeit für die Mehrarbeit, denn die investieren Sie ja in den Sprachkurs. Doch nach einem halben Jahr glauben Sie, diese Sprache niemals zu lernen, und werfen den ganzen Kram hin. Das Resultat ist ein doppelter Verlust.

Wenn Sie wissen, was Sie investieren, und hinterfragen, welchen Verlust Sie zu erwarten haben, sollte diese Investition keine Früchte tragen, dann werden Sie wahrscheinlich mit sehr viel mehr Energie Ihre gesetzten Ziele angehen.

1. Nun dürfen Sie sich auf Ihre „Ofenbank“ zurückziehen. Denken Sie ein Jahr in die Zukunft, wenn einige Ihrer Ziele verwirklicht sein werden. Welche Ziele sind das? Tragen Sie diese in die rechte Spalte ein, und schreiben Sie aus einer Sicht, als ob es schon geschehen sei, den Nutzen dazu. Dann überlegen Sie, welchen Preis es gekostet hat, dieses Ziel zu erreichen.

2. Nun gönnen Sie sich eine kurze Zeit der Überlegung: Wie werden Sie sich fühlen, wenn Sie dieses Ziel tatsächlich erreicht haben. Stimmt die Relation von Ziel, Nutzen und Preis?

3. n die zweite Tabelle tragen Sie bitte ein, welchen Verlust Sie zu erwarten haben, wenn Sie diese Ziele nicht erreichen.

Was kosten Ihre Ziele und was bringen Sie Ihnen?

Ihre Ziele	Nutzen	Preis

■ **Welchen Verlust haben Sie zu erwarten, wenn Sie diese Ziele nicht erreichen?**

Ihre Ziele	Verlust

Heureka!

✎ ____

____

____

____

(Tragen Sie hier bitte ein, was Sie für sich durch diese Prüfung erkannt haben.)

6. Reise in die Zukunft

Zeitetat: 60 Minuten

Diese Prüfung ist besonders gut geeignet für die späten Abendstunden, wenn Sie sich von der Geschäftigkeit des Tages schon verabschiedet haben.

1. Schaffen Sie sich eine ruhige, entspannende Atmosphäre. Dann legen Sie sich hin, aber bitte nicht ins Bett, dort könnten Sie zu schnell einschlafen. Eine weiche Decke auf dem Fußboden ist geeigneter.

   Sie schließen die Augen und begeben sich gedanklich in das Hier und Jetzt. Erleben Sie mit allen Sinnen das Heute: Wie sehen Sie jetzt aus? Welche Kleidung tragen Sie? Wie ist Ihre Wohnung eingerichtet, Ihr Büroraum? Mit welchen Menschen haben Sie zu tun? Stellen Sie sich alles, was Sie umgibt, so intensiv wie möglich vor. Hören Sie die Klänge, die Sie dort umgeben, wo Sie sich vorstellen zu sein. Gibt es etwas zu riechen? Vielleicht können Sie auch etwas schmecken. Oder Sie fühlen einen Gegenstand, den Sie in der Hand halten.

   Sehen, hören, riechen und schmecken Sie die Gegenwart. Wenn Sie sie sinnlich ganz erfasst haben, gehen Sie ein Jahr weiter in die Zukunft.

2. Sie in einem Jahr: Wie sehen Sie aus? Was haben Sie erreicht? Mit welchen Menschen haben Sie zu tun? In welcher Umgebung befinden Sie sich? Lassen Sie auch hier alle Sinne beteiligt sein.

   Wie wird sich dies alles nach zwei, drei, vier und fünf Jahren verändert haben? Erleben Sie jedes Mal die Zukunft, als wäre sie bereits Gegenwart.

Und dann springen Sie mit einem Satz noch einmal fünf Jahre weiter: Was wird sich in zehn Jahren verändert haben? Lassen Sie ein Bild der Zukunft vor sich entstehen. Wieder gehen Sie intensiv in Ihr inneres Erleben, und wieder gehören alle Sinnesempfindungen dazu.

3. Und nun wieder ein großer Sprung um zehn Jahre. 20 Jahre sind seit dem heutigen Tag vergangen. Stellen Sie sich vor, was sich in 20 Jahren verändert haben wird. Wie sehen Sie aus, und wie Ihre Umgebung? Was tun Sie in 20 Jahren, wohin haben Sie sich entwickelt? Nehmen Sie sich genügend Zeit, bis Sie Gerüche wahrnehmen, Farben und Formen sehen, Klänge hören ... Arbeiten Sie solange an dem inneren Bild, bis Sie sich vollkommen wohl fühlen, bis Sie spüren und aus tiefstem Herzen sagen können: Das ist es, was ich erreichen will.

Heureka!

(Tragen Sie hier bitte ein, was Sie für sich durch diese Prüfung erkannt haben.)

7. Tour

1. Nach so viel Arbeit an Ihrer Persönlichkeit haben Sie es verdient, ein paar Tage lang der gewohnten Umgebung den Rücken zu kehren, um genügend Zeit zu haben, das bisher Erarbeitete noch einmal zu reflektieren.

2. Erlauben Sie sich ein paar Tage Urlaub. Reisen Sie ins Gebirge oder ans Meer - jedenfalls an einen Ort, an dem Sie sich wohl fühlen und der Ihnen die Möglichkeit bietet, dass Sie sich wirklich ohne Ablenkung auf sich selbst besinnen können.

3. Nehmen Sie nichts mit außer dem, was Sie fürs tägliche Leben brauchen, und zusätzlich Ihr Brain Mapping, Radiergummi und Bleistift. Auf langen Spaziergängen oder in meditativen Ruhestunden können Sie jetzt noch einmal intensiv das Erarbeitete überdenken. Horchen Sie auf Ihre innere Stimme, und achten Sie auf die Gefühle, die aufkommen, wenn Sie an das Neue, an die Veränderung und an den Abschied von alten Gewohnheiten und Lebensprogrammen denken.

   Nutzen Sie diese Urlaubstage als eine Zeit der inneren Sammlung und als eine außergewöhnliche Gelegenheit, Ihr Brain Mapping ohne Einflüsse und Ablenkungen von außen zu überarbeiten, zu korrigieren und zu vervollständigen.

Die Mitte liegt in dir

Es träumte ein Kind, es solle sich auf den Weg machen und die Mitte der Welt suchen. Da sagte es Vater und Mutter Lebewohl und zog in die Ferne. Nachdem es eine Weile gegangen war und in eine fremde Landschaft kam, fragte es einen Bauer nach dem Weg zur Mitte der Welt. „Da musst du immer geradeaus gehen!", sagte dieser. Also ging das Kind einen geraden Weg und ließ sich durch nichts beirren. „Da muss du über das große Wasser hinweg!", sagte ihm ein Fischer, als es schließlich ans Meer kam. Das Kind dachte, dass es eher an den Rand der Welt als in deren

Mitte gekommen sei, und es zweifelte an seinem Weg. Es gab aber nicht auf, sondern suchte ein Schiff, mit dem es übersetzen konnte. „Da musst du durch die Wüste hindurch!", sagte auf der anderen Seite des Meeres ein Derwisch. Aber die Wüste war tief und heiß. Das Kind ging einige Tagesreisen weit, dann traf es eine Karawane. „Wo geht es weiter zur Mitte der Welt?", fragte das Kind. „Es gibt keine Mitte", sagten die Kameltreiber, ‚wo immer du bist, bist du draußen." Das Kind ließ sich nicht beirren und ging weiter in die Wüste hinein. Schließlich begegnete es einem Einsiedler. „Wo geht es weiter zur Mitte der Welt?", fragte das Kind. „Die Mitte der Welt ist nicht hier und nicht da, sie ist überall." „Eine Mitte kann nicht überall sein", antwortete das Kind und zog seines Weges weiter. Nun begegnete es keinem Menschen mehr. Endlos weit dehnte sich der Sand, der Himmel spannte sich flimmernd darüber, unbarmherzig brannte die Sonne, nirgendwo war ein Richtpunkt als nur das Kind selbst inmitten der Einsamkeit. Da hielt es inne und dachte: Es lohnt sich nicht weiterzugehen; ob ich mich nun vor oder zurück, nach links oder nach rechts bewege, immer bin ich die Mitte der Welt. Und es setzte sich und weinte.

Heureka!

(Tragen Sie hier bitte ein, was Sie für sich durch diese Prüfung erkannt haben.)

■ CHECK - Brain Mapping und Collage

■ Herzlichen Glückwunsch!
■
■ Wenn Sie hier angekommen sind, dann haben Sie alle Prüfungen
■ durchgearbeitet und nach den jetzt noch anstehenden
■ Veränderungen ein - zumindest für den jetzigen Zeitpunkt -
■ verbindliches Brain Mapping und eine Collage vor sich liegen.

Teil C

Talente in Handeln umsetzen

1. Visionen - Die Talentformel K-B-P

K-B-P

Mit dem bisher erarbeiteten Brain Mapping und der Collage haben Sie die Inhalte Ihrer Vision anschaulich vor Augen. Eine Vision bedeutet aber mehr als eine Ansammlung von Wünschen und Absichten. Eine Vision ist klar formuliert und auf einen Punkt fokussiert, und sie kann nur dann verwirklicht werden, wenn ganz konkrete ihr dienliche Strategien definiert sind.

Schauen Sie sich jetzt einmal in dem Raum um, in dem Sie gerade sind. Da gibt es Möbel, einen mit Teppich oder Holz belegten Fußboden, Bücher, Pflanzen, Accessoires. Sie sehen eine Ansammlung von Farben, Formen und Materialien. Vielleicht empfinden Sie jetzt, während Sie sich umschauen, ein behagliches Gefühl, vielleicht fällt Ihnen aber auch auf, dass einige Dinge nicht zueinander passen oder Sie bemerken, dass bald ein neuer Wandanstrich nötig ist.

Würden wir Sie nun bitten, alles zu benennen, was rot ist, wäre Ihre Wahrnehmung eine andere. Sie würden sich auf alles konzentrieren, was in diesem Raum rot ist. Ihr Fokus ist auf die Farbe Rot gerichtet. Natürlich würden Sie auch alles andere sehen, was nicht rot ist, aber das hätte in diesem Zusammenhang für Sie keine Bedeutung. Sie sehen nur das, worauf jetzt Ihre Aufmerksamkeit gerichtet ist - und das ist die Farbe Rot.

Ähnliches geschieht, wenn Sie sich ein neues Auto kaufen wollen und sich eigentlich schon sicher sind, welches Fabrikat und welcher Typ es sein soll. Niemals zuvor sind Ihnen so viele Autos dieses Fabrikats und Typs aufgefallen. Auch Schwangere kennen diese Art der Fokussierung. Seit sie selbst schwanger sind, nehmen sie plötzlich wahr, dass es sehr viele schwangere Frauen gibt. Vor der eigenen Schwangerschaft wäre ihnen das nie so deutlich aufgefallen.

Wenn Sie ganz allgemein an ein Radio denken, dann wissen Sie, dass Sie damit eine Vielzahl Programme empfangen können: Jazz, Pop, Schlager, Klassik, Informationen. Sie haben die Wahl zwischen verschiedenen Programmen, die auf unterschiedlichen Frequenzen ausgestrahlt werden. Wenn Sie wissen, was Sie hören möchten, werden Sie Ihr Radio natürlich auf die entsprechende Frequenz einstellen.

So ist es auch mit Ihrer Vision: Wenn Sie wissen, was Sie wollen, dann werden Sie mit verstärkter Wahrnehmung alles bemerken, was ihr entspricht. Ein kleines Problem gibt es allerdings dabei. Nehmen wir einmal an, Sie sind Angestellter auf einer unteren Hierarchie-Ebene. Sie leben in einer beengten Wohnung, Ihr Bankkonto ist schmal, Ihr Körpergewicht dagegen umso höher. Ihre Vision mag nun sein: eine helle, geräumige Wohnung in grüner Umgebung, ein mit erheblicher Einkommensverbesserung verbundener beruflicher Aufstieg, ein sattes Konto und ein aufs Normalmaß reduziertes Körpergewicht.

Ihr Fokus ist ganz auf Ihre Vision gerichtet. Offensichtlich ist sie auch problemlos zu verwirklichen. Denn Sie bemerken, dass es sehr viele Wohnungen oder gar Häuser gibt, die Ihrer Vorstellung entsprechen. Sie bemerken, dass es Menschen gibt, die beruflich sehr viel erreicht haben und ein stattliches Bankkonto ihr eigen nennen. Und schlanke Menschen, die gibt es auch in großer Zahl.

Nun, so geht es drei Jahre lang. Ihre Vision droht langsam zu zerbrechen, denn bisher hat sich nicht der kleinste Schritt dorthin verwirklicht. Woran liegt es?

Wenn Sie eine Vision anstreben, die die Verwirklichung Ihrer Talente beinhaltet, dann reicht es nicht, nur daran zu denken. Sie müssen wissen, was Sie dafür tun wollen, wie Sie es tun wollen und wann Sie es tun werden. In diesen drei Bereichen ist Aktivität gefragt.

Damit sind wir an einem Punkt angelangt, an dem Sie die bisher geleistete Arbeit in ein übersichtliches Schema einordnen können. Dieses Schema ist Ausdruck Ihrer Visionen und Talente. Es ist Ihre Talentformel, und sie trägt einen besonderen Namen: K-B-P.

K-B-P klingt geheimnisvoll, wie ein Mantra, wie ein „Gesang zur Befreiung", so die Bedeutung dieses Sanskrit-Wortes. Ein Mantra sind Buchstaben oder unvollständige Sätze, die dabei helfen, das Bewusstsein zu läutern.

Wenn auch auf einer anderen Ebene, so möchte das K-B-P Sie doch ebenso befreien: von Ihren alten Programmen, überholten Denkmustern und hemmender Mutlosigkeit. Und es möchte Ihr Bewusstsein, Ihre Konzentrationskraft und Ihren Willen klären, sie auf Ihre Talente und Visionen fokussieren. K-B-P möchte Ihnen dabei helfen, das, was Sie anstreben, auch tatsächlich umzusetzen.

Damit Sie Ihr ganz individuelles K-B-P, Ihre persönliche Talentformel erstellen können, dafür war die sorgfältige, im Verlauf der Prüfungen immer wieder neue Verbesserung, Verdeutlichung und Überarbeitung des Brain Mappings notwendig.

K-B-P besteht aus drei übergeordneten Aspekten: dem Körper, den Beziehungen und der Profession. In diesen drei Bereichen drückt sich Ihr Talent aus. K-B-P ist die Spiegelung Ihrer Vision. Nun geht es darum, diese Spiegelung weiter zu verfeinern, zu veredeln.

Schauen wir uns mit dem folgenden Schema doch einmal genauer an, was K-P-B bedeutet:

K-B-P					
Köper		**Beziehungen**		**Profession**	
Gesundheit	Bewusstsein	Freunde	Net	Job	Geld

K steht für den Körper und beinhaltet zwei große Felder: den Körper selbst, hier bezeichnet mit Gesundheit, und das innere Bewusstsein, das den Körper steuert. K steht also für **Gesundheit** und **Bewusstsein**.

Gesundheit

Gesundheit ist zunächst einmal die Gesundheit, die Ihren Körper auf der physischen Ebene betrifft. Aber Gesundheit ist mehr als nur die Vermeidung von Krankheiten. Ein wirklich gesunder Mensch sprüht vor Energie. Strahlende Augen, eine gerade Körperhaltung, frische Gesichtsfarbe, Tatendrang, Freude am Leben - all das und noch mehr ist Ausdruck einer gesunden Lebensweise. Und dazu gehört mehr als ausgewogene Ernährung oder ausreichende Bewegung.

Bewusstsein

Bewusstsein charakterisiert das über dem materiellen Leben liegende spirituelle Denkgebäude. Das „Gesundsein" in diesen beiden Bereichen schenkt Ihnen Aktivität, Vitalität und umfassendes Wohlbefinden. Einige Fragestellungen können vielleicht die Bedeutung des Bewusstseins noch näher erläutern.

Was macht Ihr Leben lebens-„ wert"?

Jeder Mensch hat bestimmte Werte, nach denen er sein Leben ausrichtet. Ihre Werte sollten die Leitlinien Ihres Handelns sein. Dabei spielt es keine Rolle, ob sie Gesundheit, Erfolg, Gerechtigkeit oder Harmonie heißen. Nur wenn Sie die Werte kennen, die Ihr Leben tragen, und Ihre Visionen an diesen Werten ausgerichtet sind, können Sie mit gutem Gewissen und voller Überzeugung hinter Ihrem Handeln stehen.

Wann fühlen Sie sich authentisch?

Wahrscheinlich kennen Sie Situationen, in denen Sie sich unwohl, wie fremd in Ihrem eigenen Körper fühlen. Wahrscheinlich kennen Sie aber auch solche, in denen Sie sich vollkommen eins fühlen. Achten Sie einmal darauf, was Ihnen das Gefühl der Authentizität gibt. Das ist ein guter Hinweis auf die Übereinstimmung mit Ihren Talenten und Lebenswerten und eine Möglichkeit, den Punkt Bewusstsein noch klarer zu definieren.

Wie viel Verantwortung übernehmen Sie für Ihr Leben?

Bewusstsein schließt auch mit ein, dass Sie sich verantwortlich fühlen für Ihr Handeln, für das, was Sie bisher erreicht haben, für das, was Sie in bestimmten Situationen fühlen und was Sie aus sich selbst machen. Sie sind - trotz aller Normen - ein freier Mensch. Niemand kann Sie zu etwas zwingen, weder zu einer langweiligen Ehe noch zu einem Beruf, der in Routine erstarrt ist. Und Sie können niemanden für das verantwortlich machen, was Ihnen widerfährt. Als freier Mensch haben Sie immer die Wahl, sich für eine Alternative zu entscheiden, die Ihnen besser gefällt. Und das gilt auch für Ihre Gefühle. Wenn Sie sich ärgern, sind auch Sie für den Ärger verantwortlich, nicht derjenige, der in Ihnen den Ärger auslöste. Denn schließlich könnten Sie sich auch dafür entscheiden, die Situation so hinzunehmen, wie sie ist, und das Beste daraus zu machen. Und wenn Sie nichts ändern können, was nützt Ihnen dann der Ärger?

Und sollten einmal die Konsequenzen einer Handlung oder Entscheidung unangenehm ausfallen, liegen die Vorteile der Selbstverantwortung klar auf der Hand: Sie beklagen weder Ihr Schicksal noch geben Sie dem lieben Gott oder irgendeinem Menschen die Schuld, um dann in Weltschmerz zu versinken. Nein, Sie überprüfen, was Sie daraus lernen und was Sie verändern können.

Woran glauben Sie?

Es spielt keine Rolle, ob Sie dem christlichen Glauben verhaftet sind oder anderen spirituellen Richtungen folgen. Die Entwicklung des spirituellen Bewusstseins und die Umsetzung im täglichen Leben ist ausschlaggebend dafür, wie weit Sie dem Leben und im Leben vertrauen können. Wie schwer haben es doch Menschen, die an nichts und niemanden glauben. Welchen Sinn hat das Leben denn, wenn es nicht irgendetwas gibt, was einen Grund für das Dasein auf dieser Welt bietet?

Die Ideen hinter B und P werden ich im Folgenden bei weitem nicht mehr so ausführlich vorstellen. Denn die Inhalte der vier hier enthaltenen Bereiche bedürfen vermutlich keiner näheren Erklärung, zumal sie sehr persönlich definiert werden.

B steht für Beziehungen und wird unterteilt in **Freunde** und **Net**.

Freunde

Mit Freunden sind zuerst einmal die ganz nahe stehenden Menschen gemeint. Es sind diejenigen, zu denen sich ein sehr enges bis intimes Zusammengehörigkeitsgefühl entwickelt hat. In den meisten Fällen sind das die Kinder und der Lebenspartner, die Menschen, die Sie gleichzeitig in den Arm nehmen können. Freunde sind aber auch jene Menschen, denen Sie vollends vertrauen und die wichtiger Bestandteil Ihres Lebens sind. Wer beide Hände braucht, um solche Menschen aufzuzählen, der ist wahrlich ein Meister in Sachen Freundschaft und kann sich wirklich glücklich schätzen!

Und selbstverständlich gehört hierzu auch Ihre eigene Person, die Selbstannahme. Können Sie sich so annehmen, wie Sie sind? Gibt es da noch Punkte, die Sie weiterentwickeln möchten? Vielleicht eine größere Akzeptanz für Ihr Handeln oder gar für Ihren Körper? Wenn Sie sich selbst der beste Freund sind (bitte verwechseln Sie das nicht mit Egoismus oder Narzissmus!), dann haben Sie eine Ausstrahlung, die sich auf andere überträgt.

Net

Net bezieht sich auf alle Menschen, zu denen Sie eine Beziehung aufgebaut haben, die das Herz erweitert und wechselseitig Energie schenkt. Damit sind nicht die lockeren Bekanntschaften gemeint, mit denen Sie gerne einmal ein paar nette Stunden verbringen, die aber auch erschöpfen und aufreiben könnten. Solche Menschen gehören nicht zum Net. Aber jegliches gute Einvernehmen mit anderen Menschen fällt in diesen Bereich. Und das sind nicht nur Ihre Freunde, die Sie gerne und regelmäßig treffen, auch Ihre Verwandten, Kollegen und Geschäftspartner sind hier gemeint. Was wollen Sie tun im Umgang mit anderen Menschen? Das kann damit anfangen, dass Sie auch den Menschen mehr ernst gemeintes Entgegenkommen und Verständnis zeigen, die Sie bisher weniger beachtet oder abgelehnt haben.

P ist die Profession und ganz eindeutig auf das Materielle, den **Job** und das **Geld**, gerichtet.

Job

Wirklich erfolgreich kann nur der sein, der das, was er tut, gerne tut. Also: Identifizieren Sie sich mit der Firma, für die Sie arbeiten, und mit dem Produkt, das sie herstellt? Mögen Sie das Team, mit dem Sie zusammenarbeiten? Sind Kunden oder Auftraggeber zufrieden? Das, was Sie daran verbessern oder verändern wollen, sollte in dieser Rubrik stehen.

Wie wichtig ist Ihnen das berufliche Weiterkommen? Wenn Sie sich mit Ihren bisherigen Erfolgen nicht zufrieden geben, müssen Sie etwas tun. Auch das sollte hier Platz finden.

Geld

Wie möchten Sie das Geld angelegen, das Sie verdienen? In Aktien oder wollen Sie lieber das Sparkonto vermehren? Oder ist der Kauf eines Eigenheims im Grünen für Sie viel wichtiger? Das alles sind natürlich sehr materielle Werte. Aber diesem Bereich sollten Sie ein Maß Wichtigkeit zukommen lassen.

Sie werden sicher schon gemerkt haben, dass dem „K" mit den Bereichen Gesundheit und Bewusstsein ein hoher Stellenwert zugeordnet wird. Bedenken Sie aber auch: Alle anderen Bereiche nützen Ihnen nicht sehr viel, wenn das „K" nicht stimmt. Aller berufliche Erfolg, alle Vermögensanlagen sind nicht mehr so wichtig, wenn Ihre Psyche oder Physis ernsthaft erkrankt sind. Selbst der Aufbau und Erhalt von Beziehungen wird dadurch erschwert. Da ist es natürlich intelligenter, alles dafür zu tun, um nicht krank zu werden. Deshalb hat der Körper absolute Priorität.

Wenn Sie die Prüfungen und Ihr Brain Mapping noch einmal durchgehen, werden Sie feststellen, dass Sie auf eine ähnliche Gewichtung, eine ähnliche Unterteilung kommen. Die Talentformel K-B-P beschreibt die Eckpfeiler dessen, was Leben gestaltet und Ihrer Vision einen konkretes Fundament gibt. Möglicherweise finden Sie sich in der Formel K-B-P nicht so recht wieder. Dann wählen Sie eine Formulierung, die Ihnen besser entspricht. Wichtig ist, dass Sie für sich eine Talentformel entwickeln, die sich tief in Ihrem innersten Herzen einprägt und Ihnen eine „Brille" bietet, durch die Sie permanent hindurchsehen.

Edelsteine

Vor fast SO Jahren lebte in Südamerika ein Mann, der seit dem Tod seiner Frau ganz allein die kleine Farm bewirtschaften musste. Viel warf sie nicht ab, das Land war karg. Und so reichte es gerade, ihn und seine drei kleinen Kinder zu ernähren. Helfen konnten ihm die drei noch nicht, und er hatte auch nicht genügend Zeit, sich um sie zu kümmern. So beschäftigten sich die Kleinen die meiste Zeit des Tages damit, immer wieder neue Spiele zu erfinden. Natürlich besaßen sie kein richtiges Spielzeug, aber eine Anzahl verschiedener Steine, die der Vater irgendwann einmal von einem entfernten Verwandten vererbt bekommen hatte, regte sie zu immer wieder neuen Spielen an. Obwohl die Armut regelmäßig neue Probleme mit sich brachte, waren die vier doch glücklich und zufrieden miteinander. An einem heißen Sommertag saßen die Kinder wieder einmal vor dem Haus und spielten mit den Steinen. Manche funkelten im Sonnenlicht, andere sahen eher grau und trübe aus, und wieder andere hatten so bizarre Formen, dass die Fantasie der Kinder keine Grenzen fand. Zufällig kam an diesem Tag ein junger Wanderer vorbei, der um ein Glas Wasser bat und sich dazu bewegen ließ, etwas über die Länder zu berichten, die er auf seiner Wanderschaft gesehen hatte. Und während er die Schönheit fremder Landschaften schilderte und von vielen abenteuerlichen Erlebnisse erzählte, griff er zu einem der Steine und hielt ihn gegen das Sonnenlicht. Schlagartig verstummte er, nahm einen anderen Stein in die Hand, und dann einen nach dem anderen. Schweigend sah er erst den Vater, dann die Kinder an und fragte: „Wisst ihr eigentlich, was das ist?“ „Oh, ganz nett, diese Steinchen, nicht wahr?“, antwortete der Vater, „ich habe sie einmal geschenkt bekommen, und meine Kinder lieben sie über alles wegen ihrer wunderschönen Farben und Formen.“ Darauf fragte der Wanderer erstaunt: „Wisst ihr wirklich nicht, dass es kostbare Edelsteine sind?“

Wenn wir jetzt die Märchenwelt verlassen und in die raue Wirklichkeit zurückkehren, werden Sie sich wahrscheinlich fragen, was diese Geschichte eigentlich soll. Diese Geschichte will nichts anders, als Ihnen verdeutlichen, dass jeder Mensch „Steine“ in sich trägt, mit denen er hin und wieder spielt, hübsche Dinge daraus zusammenbaut, aber niemals entdeckt, dass er wahre „Edelsteine“ besitzt.

Erwarten Sie jetzt bitte nicht, dass irgendjemand auf Sie zukommt und Ihre Steine in Edelsteine transformiert. Diese Arbeit kann Ihnen niemand abnehmen. Und seien Sie versichert, es kostet enorme Arbeit und Kraft, sein Leben so zu ändern, dass Sie Edelsteine statt der Steine in den Händen halten.

Einen großen Teil der Arbeit haben Sie jedoch schon geleistet. Sie haben sich während der sieben Prüfungszyklen intensiv mit sich selbst auseinander gesetzt, Sie sind Ihren Talenten einen großen Schritt näher gekommen, Sie haben eine Vision entwickelt und damit Ihre Talentformel mit Leben gefüllt.

„Edelsteine" werden Sie aber erst dann besitzen, wenn Ihre Vision Ihnen wie Leuchtfeuer den Weg weisen. Eine wirklich stimmige Vision befördert Sie auf einen hohen Aussichtspunkt, von dem aus Sie das Labyrinth der Möglichkeiten überblicken und den richtigen Weg wählen können. Visionen sind wie der Kompass auf dem Weg zur Selbstbefreiung, sie sind das Sprachrohr des Lebenssinns.

Eine solche Vision ist die Fähigkeit, die Klarheit, genau zu wissen, wohin Sie wollen. Eine solche Vision ist der große Wurf, die begeisternde Lebensorientierung. Sie erst gibt Ihrem Leben den Sinn für die Dinge, die Sie tun und zu denen Sie hundertprozentig stehen. Gleichzeitig wird sie eben dadurch genährt und vorangetrieben, dass der Lebenssinn klar erkannt ist.

Aber Vorsicht: Visionen führen nicht zu einem Immer-Mehr. Visionen führen nicht zwangsläufig zu einem quantitativen Wachstum. Das Streben zu den Visionen beinhaltet vielmehr einen qualitativen Wachstumsprozess. Auch eine Eiche hört ab einer bestimmten Höhe auf, ihr Wachstum nach oben auszurichten. Sie konzentriert sich auf die Kräftigung der Wurzeln und die Stärkung ihres Inneren. Denn was nützte es ihr, sich nur in die Höhe auszurichten und dabei Festigkeit gebende Breite zu vernachlässigen? Jeder stärkere Windstoß würde sie umwerfen. Also nicht höher und höher wachsen, sondern in sich tiefer und tiefer reifen.

Und achten Sie darauf, dass Ihre Vision kein blockierendes „Um-zu" beinhaltet. „Ich pflege die Beziehung zu anderen Menschen, um jemanden zu haben, wenn ich Hilfe brauche", oder „Ich will Erfolg haben, um endlich einmal anerkannt zu werden" - solche Begründungen haben wenig mit einer Vision zu tun, die aus dem Herzen kommt.

Der Haustürschlüssel

Klagend und jammernd steht ein Mann am späten Abend vor seinem Haus. Auf die besorgte Frage der Nachbarn, was denn geschehen sei, erklärte er ihnen, er habe irgendwo auf dem Weg seinen Haustürschlüssel verloren und müsse wohl die Nacht draußen verbringen, wenn er ihn nicht wiederfände. Sofort eilten sie dem armen Mann zu Hilfe. Nach einiger Zeit intensiver Suche selbst in den Vorgärten der benachbarten Häuser bemerken sie aber, dass der Mann sich nur im Umkreis der einzigen dort stehenden Laterne bewegte. Verwundert fragen sie ihn, warum er denn nicht woanders nachsähe, schließlich könnte er den Schlüssel doch auch woanders verloren haben. Sie erhielten zur Antwort: „Aber hier ist doch Licht!"

Suchen Sie Ihre Talente und Visionen nicht nur dort, wo Sie aus Ihrer derzeitigen Sicht glauben etwas sehen zu können. Beides liegt oft noch im Dunkeln. Je weiter Sie den Radius Ihrer Suche setzen, umso mehr vergrößern Sie die Dimension Ihres Seins und erzeugen damit ein Wachstumsklima für Motivation und Begeisterung im Leben.

Auch das war Aufgabe der Prüfungszyklen und der Talentformel: dass Sie sich diese Vision, abgeleitet aus den gefundenen Talenten, immer weiter erarbeiten, sie immer klarer erkennen. Je klarer die Vision ist, umso näher sind Sie ihr gekommen und umso deutlicher können Sie die Richtung Ihres Weges bestimmen. Wenn Ihr Lebens-

Fokus, Ihre Vision nicht stimmt, suchen Sie an der falschen Stelle. Sie bewegen sich zwar auch - leider aber in die falsche Richtung.

Visionen erzeugen Spannung

Wenn Sie sich auf den Weg zu Ihren Visionen machen und sich etwas vornehmen, von dem Sie glauben, dass es sie dorthin führt, werden Sie vermutlich oft eine innere Spannung wahrnehmen. Visionen erzeugen nun einmal Erregungs- und Spannungszustände, versetzen Sie aber auch in Ressource-Zustände.

Immer dann, wenn Sie etwas bisher nicht Bekanntes, etwas Ungewohntes tun müssen, werden Sie diese Spannung spüren. Spannung kann anregend, motivierend sein, aber sie kann auch Stress und Angst hervorrufen.

Nehmen Sie einmal ein einfaches Haushaltsgummi, legen es um einen Finger und lassen es herunterhängen. Dabei stellen Sie sich vor, der Finger seien Sie selbst und das Haushaltsgummi sei Ihr Lebensumfeld mit allem, was Sie kennen, was Ihnen vertraut ist und Sicherheit bietet. Und jetzt greift ein Finger der anderen Hand in dieses Gummiband und zieht es in eine Richtung, so dass es straff gespannt, kurz vor dem Zerreißen ist. Dieser zweite Finger ist Ihre Unzufriedenheit, die irgendwohin drängt, irgendetwas verändern will. Solange beide Finger in diesem Gummiring sind, gibt es nur zwei Möglichkeiten: Entweder zerreißt das Gummi tatsächlich, weil die Spannung unerträglich wird. Oder Sie unterdrücken Ihre Unzufriedenheit aus Angst, das Gummi könnte zerreißen, verringern die Spannung und befinden sich wieder innerhalb des schlaffen Haushaltsgummis. Beide Alternativen sind wohl nicht förderlich für das Weiterkommen. Was also ist zu tun?

Ganz einfach: Stellen Sie sich Ihre Vision ganz bewusst, ganz deutlich vor und planen Sie den begeisternden Weg dorthin. Damit geraten Sie in eine Spannung, die nicht in Angst und Schrecken versetzt, sondern nach Ressourcen und Lösungsmöglichkeiten sucht. Lassen Sie die Spannung zu, und machen Sie sich klar, dass es jetzt an der Zeit ist, das „Gummiband" der Unzufriedenheit und die vertraute Umgebung zurückzulassen und sich in den großen Bereich außerhalb des „Gummibandes" zu begeben. Nutzen Sie die Kraft der Spannung für Ihren Sprung in das Neue, Unbekannte!

Aus dem Chaos zur Klarheit

Sind Sie mit dem zufrieden, was Sie haben, und freuen Sie sich auf das, was Sie haben werden? Beides ist die Voraussetzung für ein Leben voller Begeisterung. Wenn Sie etwas erreicht haben, wird es immer wieder neu zu Erreichendes geben. Doch wenn die Vision unklar ist, ist dies zu vergleichen mit einem schlaffen Band. Sie werden zu nichts hingezogen, entwickeln keine wirkliche Kraft.

Noch gravierender ist die fehlende oder die fremdbestimmte, nicht aus dem eigenen Talent abgeleitete Vision: Ein limitierender, frustrierender Lebensweg, der sich irgendwann im Nichts verliert.

Aber auch wenn Sie eine klare Vision aufgebaut haben und sich entscheiden, den Weg dorthin zu beschreiten, werden Sie die gewohnte Ordnung verlassen müssen. Und dann finden Sie sich nicht sofort in einer neu geordneten Welt, sondern geraten erst einmal in ein inneres Chaos, in einen unsicheren Übergangsbereich, in dem intensives Nachdenken und das Schaffen einer neuen Ordnung notwendig sind, um dem durcheinander geworfenen Leben eine neue Gestalt zu geben.

Doch sobald Sie Ihre innere Struktur wieder gefunden haben, sobald Ihnen bewusst wird, dass Sie den richtigen Weg gehen, existiert kein Chaos mehr. Dann ist aus dem Chaos ein Mensch erwachsen, der alte Programme hinter sich gelassen hat, gesellschaftliche Vorgaben abgelegt und fremdbestimmte Visionen aufgegeben hat. Er hat sich eine neue Ordnung geschaffen, in der er gerne lebt. Er wird nicht mehr gelebt, nicht weiter bevormundet durch die Manipulation der Umwelt.

Aus dem Chaos ist eine neuer Kosmos entstanden, ein neuer, faszinierender Lebensraum, der die Talente leben lässt. Sie sind in der Lage, Ihrer Vision einen Inhalt zu geben, der Ihren Talenten entspricht. Chaos und Verwirrung sind das Tor zu einer neuen Art des Verstehens.

2. Strategiepunkte

Damit aber nicht schon zu Beginn des Weges zu Ihrer Vision zu viel Chaos entsteht, gibt es das K-B-P, Ihre Talentformel, entwickelt von Dr. Wolf Lasko. Das K-B-P dient dazu, eine Vorgehensweise zu entwickeln, die Ihnen den Weg zur Vision ebnet. Die drei tragenden Säulen Körper, Beziehung und Profession sind aufgeteilt in jeweils zwei Unterpunkte, die nun durch konkrete Strategiepunkte näher definiert und verfeinert werden. Diese Strategiepunkte bestimmen die praktischen Maßnahmen. Bei „Gesundheit" können sie beispielsweise heißen: Sport und Ernährung, bei „Bewusstsein" Meditation und geistige Auseinandersetzung mit Glaubensfragen. Da die Strategiepunkte und deren bestimmende Inhalte bei jedem Menschen unterschiedlich sind, ist es vielleicht sinnvoll, dass ich Ihnen anhand meines persönlichen K-B-P die weitergehende Ausformung der einzelnen Strategiepunkte erläutere.

Grundsätzlich kann ich meine Vision näher bezeichnen mit den Worten Vitalität, Leidenschaft und Erfolg. Diese drei Begriffe sind meine persönlichen Visionsbegriffe, die, egal was ich tue, immer ihre Gültigkeit haben, nie erreicht werden können und sich permanent selbst versprechen, sie haben eine ewige Ausdehnung. Denn es gibt keinen Moment im Leben, an dem nicht einer dieser Begriffe in seiner Intensität gesteigert werden könnte.

Meine Vision ist also zu benennen mit Vitalität, Leidenschaft und Erfolg. Das ist der Ausgangspunkt für die Erarbeitung meines K-B-P:

K-B-P					
Köper		Beziehungen		Profession	
Gesundheit	Bewusstsein	Freunde	Net	Job	Geld

Für mich habe ich zu den sechs Unterpunkten nun folgende Strategiepunkte erarbeitet, die ich anschließend näher ausführen werde:

K-B-P					
Köper		Beziehungen		Profession	
Gesundheit - Ernährung - Atmen - Sinne - Meditation - Aktion	**Bewusstsein** - Auseinander setzung mit den Lebenswerte - Bücher lesen - Einbindung in den Beruf - Gespräche - Bücher schreiben	**Freunde** - Meine Frau und meine Tochter - Enge Freundschaften außerhalb meiner Familie	**Net** - Beruf - Familie - Themenbezogen - Specials	**Job** - Selbständigkeit - Neue Ideen - Enge Partnerschaft - Assoziierte Partner - Konzernkunden - Projekte - Marken	**Geld** - Wachstum - Anlage

Körper – Gesundheit

Beginnen wir bei dem Körper und dem Punkt Gesundheit. Dort habe ich für mich fünf Strategiepunkte festgelegt, die meinem Körper Energien zuführen, damit er fit ist: Ernährung, Atmen, Sinne, Meditation, Aktion. Meines Erachtens sind das die besten Möglichkeiten, um Energien aufzubauen, die meinem Körper gut tun. Denn ein gesunder Körper braucht sowohl grobstoffliche als auch feinstoffliche Energien, wobei den Energien auf feinstofflicher Ebene eine höhere Bedeutung zukommt als denen auf grobstofflicher.

Ernährung heißt für mich, dass ich meinem Körper Speisen von hoher Qualität zuführe - wobei Qualität natürlich individuell definiert ist. Morgens nehme ich etwas zu mir, was den Körper nicht belastet, ihm aber viele Vitamine gibt. Mir scheint Obst da das Richtige zu sein, wobei ich darauf achte, auch Bananen zu essen, damit mein Magen ein so gestaltetes Frühstück gut vertragen kann. Mein Mittagessen besteht aus Salaten, Gemüsen und sehr viel Fisch. Das belastet den Körper nicht, gibt ihm aber ein hohes Maß an Energie und Power. Abends gibt es dann Gemüse mit Kartoffeln oder Reis, weil mein Körper sich durch diese Nahrung exzellent unterstützt fühlt. Ich bemühe mich, die Abendmahlzeit nicht zu spät einzunehmen, weil das meinen Körper belasten würde.

Als Getränk schätze ich kohlensäurefreie Wasser. Wenn ich am Tag eine Zweiliterflasche schaffe, weiß ich, dass ich meinem Körper ausreichend Flüssigkeit gegeben habe.

Kaffee habe ich auf meiner Liste gestrichen, weil ich - laut meiner Frau - so einen hektischen Grundansatz habe und Koffein mir einfach nicht gut tut. Und die beste Art und Weise damit umzugehen ist, ihn einfach ganz zu streichen. Statt dessen habe ich den Geschmack von Caro-Kaffee schätzen gelernt. Natürlich genieße ich hin und wieder einen kleinen Schluck Kaffee, ebenso möchte ich nicht verschweigen, dass ich ein Freund guter Weißweine bin. Auch beim Essen bin ich kein hundertprozentiger Fanatiker. Dafür gibt es doch wirklich zu viele Köstlichkeiten! Ich kann mich durchaus mit großem Genuss an einem Acht- oder Zwölf-Gänge-Menü ergötzen, und gelegentlich macht es mir große Freude, einen Burger mit Fritten zu essen und dazu eine Cola zu trinken.

Dennoch ist es mir absolut wichtig, meine Strategiepunkte mit größtmöglicher Häufigkeit und Intensität zu leben. Und wenn ich das bei 79 von hundert Mahlzeiten umsetze, dann sind die restlichen 21 keineswegs ungehörige Verfehlungen. Ich jedenfalls verbuche sie unter „Lebensfreude".

Doch gleichgültig, was ich esse oder trinke, gilt für mich ein Grundsatz: Essen, als würde ich trinken, und trinken, als würde ich essen. Und das bedeutet: Feste Nahrung „kaue" ich so lange, bis sie fast flüssig in den Magen gelangt, und Getränke kaue ich solange, bis ihre Temperatur der des Körpers entspricht. Beides erleichtert dem Magen die Verarbeitung, und der Energieverbrauch wird reduziert.

Ich weiß natürlich, dass unsere Nahrung - ob Gemüse oder Salate, ob Fisch oder Fleisch - mit Giftstoffen belastet ist. Darum besuche ich alle zwei Jahre den Lahnser Hof in Innsbruck, um durch eine Darmreinigung meinen Körper wieder von ihnen zu befreien. Dass dabei etliche Kilo fallen, ist eine angenehme Randerscheinung. (Wenn Sie an der Adresse interessiert sind, schicken Sie mir eine Mail. Ich werde Sie gerne dorthin verweisen.)

Eine lange Erklärung zu meinem Strategiepunkt Atmung möchte ich Ihnen ersparen, da es hinreichende Literatur dazu gibt. Kurz zusammengefasst bedeutet Atmung für mich, dass meine natürliche Atmung eine gute Tiefenatmung ist. Die richtige Atmung entspannt nicht nur den Körper, sondern löst auch Geist und Seele. Atem ist Lebensenergie pur. Wichtig ist mir auch, dass ich Luft von guter Qualität atme. Der Atem ist bedeutend feinstofflicher als die Nahrung, aber er ist ebenso, wenn nicht gar mehr, kraft- und energiespendend.

Mein dritter Strategiepunkt bei der Gesundheit sind die Sinne, denn auch das Sehen, Hören, Fühlen, Riechen und Schmecken sind für mich wesentliche Faktoren zur Stärkung der Energie. Sie brauchen sich nur einmal vorzustellen, welchen Unterschied es macht, über eine herrliche Landschaft zu blicken oder auf eine Müllkippe. Der

Klang schöner Musik wird auch Ihnen sicher besser gefallen als das Geräusch eines Presslufthammers. Alles, was meinen Sinnen gut tut, ist gut für mein Wohlbefinden und steigert meine Energie. Also achte ich sehr bewusst darauf, mich mit Dingen zu umgeben, die für mich positiv sind. Das heißt für mich, dass ich die Einrichtungsgegenstände in meinem Haus und in den Firmenräumen mag, dass ihre Formen und Farben harmonisch sind und sich die Materialien angenehm anfühlen. Das heißt weiter, dass ich umgeben von Wiesen, Feldern und Wäldern lebe und arbeite und dass ich frische, klare Luft rieche. Auch im Urlaub ziehe ich es vor, in einer gemütlichen Almhütte zu sein und in den Bergen herumzukraxeln. Meine Sinne wären geradezu beleidigt, würde ich ihnen statt dessen den Lärm und die Gerüche einer Metropole bieten.

Vielleicht konnte ich Sie durch diese Ausführungen dazu bewegen, dass Sie sich einmal in Ihrer Wohnung umschauen. Gibt es da Dinge, die Sie gar nicht mögen? Warum trennen Sie sich dann nicht davon? Auch wenn es Geschenke vom Erbonkel, Urlaubsmitbringsel von der Tante oder Erbstücke von den Großeltern sind, ich rate Ihnen: Trennen Sie sich von solchen Dingen! Trennen Sie sich von allem, was Ihnen missfällt. Und wenn Sie befürchten, dass der Erbonkel oder die Tante darüber verstimmt sind, tun Sie es trotzdem. Schließlich geht es um Ihr Wohlbefinden und Ihre Energie.

Und wenn Sie vor erst einem halben Jahr Ihren Flur neu tapeziert haben und sich seitdem jeden Tag über die falsch ausgewählte Tapete ärgern: Weg damit! Was haben Sie damit zu tun, dass es in Ihrer Familie üblich ist, Tapeten nur alle drei Jahre zu wechseln? Tun Sie es jetzt! Reinigen Sie Ihre Wohnung von Dingen, die Ihnen Energie rauben und schaffen Sie sich einen Ort der Kraft.

Das Gleiche gilt selbstverständlich für den Arbeitsplatz. Seit Ihrem Geburtstag steht auf dem Schreibtisch das wahrscheinlich sehr lieb gemeinte Geschenk Ihrer ältesten Kollegin. Aber Sie finden dieses Trockenblumengesteck einfach schauderhaft. Stellen Sie es doch einfach weg! Wenn Sie befürchten, Ihre Kollegin zu brüskieren, dann finden Sie bestimmt ein Plätzchen, wo Sie es zumindest nicht ständig vor Augen haben. Ich höre auch häufiger, dass jemand acht Stunden lang an seinem Schreibtisch sitzt und an der Wand vor ihm ein Bild hängt, das ihn ziemlich negativ stimmt. Nein, er selbst hat es nicht dorthin gehängt. Es war sein gegenübersitzender Kollege. Denn der mag dieses Bild. Aber, wie es in vielen Büros eben so üblich ist: Das Bild, das man mag, hängt an der Wand, der man die meiste Zeit den Rücken zukehrt. Eine simple Möglichkeit, das zu ändern, wäre die Bilder zu tauschen.

Es gibt so vieles, was wir tun können, um unsere Sinne zu verwöhnen. Glauben Sie mir, das hat nichts mit Ihren finanziellen Möglichkeiten zu tun. Oft sind es gerade die einfachen Dinge, die den Sinnen schmeicheln: Das richtige Bild vor den Augen, das Licht einer Kerze, Vorhänge, die den Raum in sanftes Licht tauchen, schöne Materialien, Blumen, Duftöle ...

Die drei Strategiepunkte Ernährung, Atmung und Sinne sind für mich direkte Formen der Energieaufnahme. Den vierten Strategiepunkt, die Meditation, empfinde ich als Unterstützung der drei ersten. Denn in der Meditation finde ich Ruhe, kann ich völlig loslassen und mich entspannen. Nun, ich habe mich längere Zeit mit den verschiedenen Formen der Meditation beschäftigt. Mittlerweile habe ich für mich Methoden der Meditation gefunden, die sehr simpel erscheinen. Das ist zum einen das wunderbar entspannende Relaxen in der Sauna. Angenehm ist, daß ich in meinem eigenen Haus eine Sauna habe, sodass ich mich - wann immer ich Zeit und Lust habe - dorthin zurückziehen kann. Ein Sonntagmorgen in der Sauna ist etwas Großartiges!

Vor eineinhalb Jahren habe ich ein neues Hobby entdeckt: Das Ölmalen. Und das ermöglicht mir wirklich ein Höchstmaß an Meditation. Meine dritte Meditations-Methode kann ich auch sehr gut im Alltagsgeschehen anwenden: Fröhliche Gelassenheit kombiniert mit der Tochter Heiterkeit!

Der letzte Strategiepunkt für meine Gesundheit heißt Aktion. Aktion pusht mich, bringt mich in Bewegung, ist energetisierender Antrieb. Aktion in diesem Zusammenhang meint nicht Betriebsamkeit oder Erledigung von anstehenden Aufgaben. Aktion heißt hier, durch Bewegung meinem Körper Gutes zukommen zu lassen. Dazu gehört für mich intensives Bergwandern und Golfen mit guten Freunden. Über eine längere Zeit gehörte auch Hatha Yoga dazu, das aber macht mir inzwischen nicht mehr so viel Freude und Spaß. Statt dessen habe ich zu Hause jetzt ein Laufband mit Herzfrequenzmesser. Abgesehen von dem gesundheitlichen Aspekt, den es hat, steht es mir auch dann zur Verfügung, wenn mein Gehirn einmal vor lauter Bäumen den Wald nicht mehr sieht. Sie glauben gar nicht, wie effektiv es ist, eine im Kreis laufende Denkarbeit zu unterbrechen, und für eine kurze Weile einfach nur zu laufen!

Körper – Bewusstsein

Für diese Säule meines K-B-P habe ich, wie Sie der Tabelle entnehmen können, ebenfalls fünf Strategiepunkte entwickelt. Die Auseinandersetzung mit den Lebenswerten, die für mich von Wichtigkeit sind, ist hier ein ganz wesentlicher Aspekt. Zu diesen gehören unter anderem Selbstverantwortung, Commitment, Wahlfreiheit, Konsequenz. Das permanente Durchdenken, das schriftliche Formulieren und ein immer wieder neues Hinterfragen meiner Lebenswerte halte ich für meine innere, geistige „Gesundheit" für unumgänglich, wenn ich mich innerlich geistig weiterentwickeln will. Wie sonst könnte ich feststellen, dass ich mich in überholten Denkstrukturen verfangen habe oder unvernünftige Glaubenssätze und unbedachte Vorurteile aufgebaut habe.

Als zweiten Strategiepunkt halte ich das Lesen von entsprechenden Büchern für absolut notwendig. Im Schnitt lese ich monatlich zwei Bücher. So bleibt mein Geist in Bewegung, mein Verstand wird geschärft und mir werden neue Ideen und Denkanstöße geschenkt. Wenn ich mit dem Auto unterwegs bin, höre ich Kassetten oder CDs mit Vorträgen über diverse Philosophien. Das finde ich angenehmer als das Radio einzuschalten und mich immer wieder von den gleichen Problemen aus Politik und Wirtschaft berieseln zu lassen, wenn auch in unterschiedlichem Kolorit.

Eine schöne Verbindung dieser beiden Punkte finde ich in meinem Beruf. In Vorträgen und Seminaren, Workshops und Projekten stehen die Themen, die mich persönlich interessieren, im Vordergrund. Die Arbeit mit anderen ist also eine permanente Ausbildung meines eigenen Bewusstseins. Aus diesem Grund ist mir diese Arbeit absolut wichtig und habe sie deshalb als dritten Strategiepunkt hier aufgenommen.

Der nächste Punkt sind Gesprächspartner, die ähnlich denken wie ich, die Freude daran haben, sich mit den verschiedenen philosophischen Gedanken auseinander zu setzen und die ein Gespräch als gegenseitige Bereicherung empfinden, nicht als Möglichkeit zur Verteidigung ihres eigenen Standpunkts. Übrigens: Es ist gar nicht so einfach, solche Gesprächspartner zu finden.

Der fünfte und letzte Strategiepunkt in der Rubrik Bewusstsein ist das Schreiben von Büchern, die sich mit solchen Themen auseinander setzen. Natürlich bietet das aktive Berufsleben dafür wenig Raum. Ich habe aber für die vier Monate, die ich pro Jahr in Urlaub bin, einen Tagesablauf entwickelt, der mir ausreichend Zeit sowohl zum Schreiben als auch für meine Familie lässt.

Beziehungen – Freunde

Der erste Strategiepunkt bezieht sich auf meine Frau Caty und meine Tochter Lara. Das sind für mich die beiden Menschen, die ich gleichzeitig in den Arm nehmen kann. Und das tue ich sehr gerne! Es ist aber nicht selbstverständlich, dass die Freundschaft zwischen uns so gut funktioniert. Ich habe meine Frau vor 30 Jahren, sie war 14, ich 17, kennen gelernt. Und entgegen aller Statistiken leben wir in einer immer noch spannenden Beziehung. Wir beide haben etwas dafür getan, dass unsere Beziehung eine Qualität gewonnen hat, die uns die Liebe während der ganzen Zeit unseres Zusammenseins als wunderschön erfahren ließ.

Es ist auch nicht selbstverständlich, dass zwischen meiner Tochter und mir eine tiefe Freundschaft besteht. Ich halte es für anmaßend, wenn Eltern glauben, weil sie Kinder in die Welt gesetzt haben, müssten sie auch von ihnen geliebt werden. Nein, auch die Freundschaft zu den Kindern müssen sich die Eltern erarbeiten. Ansonsten hat jedes Kind alles Recht der Welt, von den Eltern Abstand zu nehmen. An der Freundschaft zu den Kindern zu arbeiten heißt natürlich nicht, sie einfach laufen zu lassen. Ich glaube, die Aufgabe der Eltern besteht darin, ein Umfeld zu schaffen, in dem junge Menschen sich zu Hause fühlen können, sich selbst finden und ihre Talente entwickeln und leben können.

Neben der Familie gibt es natürlich auch Freunde. Das sind die Menschen außerhalb meiner engsten Familie, die ich schätze und liebe, die mir wichtig sind, die ich nicht missen möchte. Freunde sind für mich eine Lebensbereicherung, und ihnen gilt mein zweiter Strategiepunkt. Denn es geschieht nicht einfach so, dass sich Freundschaften durch eine hohe Qualität auszeichnen. Ich habe meinen Teil dazu beizutragen.

Es liegt auf der Hand, dass zum Kreis meiner Freunde niemand gehört, dem ich nicht vertraue und in dessen Gegenwart ich mich unwohl fühle. Sicher werden Sie sagen: Das ist doch selbstverständlich! Ich glaube, das ist nicht bei allen Menschen so. Oft genug höre ich Sätze wie: „Er ist zwar ein guter Freund, aber irgendwie ..."

Anmerken möchte ich hier, dass es wahrscheinlich schwer fällt, sich Freundschaften zu erarbeiten und sie zu pflegen, wenn man sich selbst nicht der beste Freund ist.

Beziehungen – Net

Die hierzu in der Tabelle notierten Strategiepunkte liegen zwar in unterschiedlichen Bereichen, sind aber miteinander verwoben. Jeder Mensch lebt in einem Netzwerk von Beziehungen: Verwandte, Ehepartner, Kinder, Kollegen, Geschäftsfreunde, Nachbarn und so weiter.

Wenn Sie sich vorstellen, Sie verstehen sich mit keinem Ihrer Kollegen und mit dem Chef schon einmal gar nicht. Acht Stunden haben Sie mit diesen Menschen verbracht, dann haben Sie Feierabend und fahren direkt zum Sport. Dort treffen Sie wieder mit Menschen zusammen, die Sie eigentlich gar nicht so recht mögen. Aber: Der Sport tut Ihnen gut, es muss also sein. Anschließend fahren Sie nach Hause, zu Ihrer Familie, die Sie wirklich schätzen und lieben. Aber: Was hat sich im Laufe dieses einen Tages an negativer Energie bei Ihnen aufgebaut? Und glauben Sie tatsächlich, dass Sie das alles innerhalb der Beziehung zu Ihrer Familie außen vor lassen können?

Ich definiere Net so: In allen Lebensbereichen exzellente Beziehungen aufzubauen. Und dafür kann ich selbst eine Menge tun. Sie kennen sicher die alte Volksweisheit: Wie man in den Wald hineinruft, so schallt es heraus. Es liegt also zuallererst an mir, ob ich im Job, beim Sport, im Verein oder in der Nachbarschaft gute Beziehungen schaffe.

Wenn ich daran denke, wie viele Stunden des Tages ich in meinen Unternehmen Winner's Edge, Start one oder Best verbringe, dann ist es mir wichtig, mit den Menschen, mit denen ich dort zu tun habe, freundschaftliche Kontakte aufzubauen. Ich denke, es ist mir gelungen, und es gelingt mir immer wieder aufs Neue. Und wenn ich nach Jahren von einem Kunden, für den ich als Unternehmensberater tätig war, als Freund begrüßt werde, sehe ich das als eine wunderschöne Möglichkeit, diesen Freundschaftskontakt weiter zu intensivieren.

Was den Strategiepunkt „Familie" betrifft, darüber habe ich oben ausführlich geschrieben.

Der Strategiepunkt „Themenbezogen" umfasst meine freundschaftlichen Kontakte, die durch meine Hobbys entstehen, durch Gespräche über meine Bücher oder beim Golfen.

Die „Specials" lassen sich nicht so konkret beschreiben. Sie beinhalten mit Sicherheit meine Freunde, denn auch sie sind Teil meines Beziehungs-Netzwerks. Sie beinhalten aber auch freundschaftliche Kontakte zu Nachbarn. Und wenn ich mich morgen an einen wirklichen Freund aus vergangenen Jahren erinnere, der schon seit langem in Amerika lebt, und zu ihm wieder Kontakt aufnehme, dann zählt auch das zu den „Specials".

Zu meiner Vision gehört, ein Netzwerk freundschaftlicher Kontakte mit Menschen aus allen Lebensbereichen aufzubauen.

Profession - Job

Mein erster Strategiepunkt in diesem Teil meines K-B-P ist die Selbständigkeit, die mir den Genuss des von mir so geschätzten Freiheitsgrades ermöglicht. Um eine berufliche Selbständigkeit aufzubauen und zu erhalten, ist Engagement, Arbeit und natürlich auch Spaß an der Sache unverzichtbar. Verwirklicht habe ich meine Selbständigkeit mit dem Unternehmen „Winner's Edge", das sich mit den Themen Motivation und Begeisterung, mit Verkaufs- und strategischen Projekten beschäftigt. Hinzugekommen ist bisher die Firma „Start one", die Kreativ-Projekte mit einem sehr hohen Maß an Herausforderungen managt, und die Firma „Best", die für Unternehmen Prozessanalysen gestaltet und neue Prozesse formuliert. Und als nächstes ... ?

Mit dem ersten ist der zweite Strategiepunkt eng verknüpft: Permanent neue Ideen haben, die die Kunden begeistern und nach vorne bringen. Dafür schaffe ich mir ein Umfeld, in dem mir immer wieder Innovationen möglich sind, was bei einem gedanklichen, geistigen Gut sicher besser umzusetzen ist als bei materiellen Gütern. Denn ich möchte meinen Kunden eine umsetzungsorientierte Beratung bieten können, nicht nur eine rein konzeptionelle. Die Konzentration liegt hier also auf Ideen, Innovationen und das Gestalten von umsetzbaren Neuerungen.

Meine Vision beinhaltet auch enge berufliche Partnerschaften, das gemeinschaftliche Wirken im Team. Jeder Mitwirkende ist in der Lage und auch bereit, in dem heute notwendigen Innovationstempo mitzumarschieren und den tiefen Freiheitsgrad zu verstehen, der einen Unternehmer ausmacht. Bisher kenne ich nicht viele, die dazu fähig sind, aber ich bin fest davon überzeugt, dass es sie gibt.

Die Zahl der bisher assoziierten Partner der genannten Unternehmen ist zwar schon beträchtlich, aber ich möchte sie weiter ausbauen, um noch mehr von uns aufgestellte Projekte realisieren zu können.

Als fünften Strategiepunkt habe ich für mich festgelegt, mehr Konzerne als Kunden zu gewinnen, um weitere Herausforderungen zu erleben und natürlich auch zu bestehen.

Der nächste Strategiepunkt heißt Projekte, Seminare und Workshops. Sie sind sicher eine gute Sache, die Resultate daraus aber nicht so leicht messbar. Ich möchte mit meinen Kunden verstärkt an Projekten arbeiten, gemeinsam die Schritte zum Ziel definieren und daran den Erfolg messen können.

Der derzeit letzte Strategiepunkt für den Job ist der Aufbau einer Marke. Ich möchte, dass beispielsweise der Unternehmensname

„Winner's Edge“ für andere Menschen verbunden ist mit dem, was dieses Unternehmen tut.

Profession – Geld

Hier habe ich zwei ganz einfache Strategiepunkte: Wachstum des Vermögens und dessen Anlage.

Ich möchte zehn Prozent meines Einkommens in das Vermögenswachstum investieren. Von den verbleibenden 90 Prozent stehen 45 Prozent für den Konsum und die Bezahlung der monatlichen Verpflichtungen zur Verfügung, und die restlichen 45 Prozent sollen ebenfalls dem Wachstum zugute kommen. Das ist natürlich nur ein Beispiel. Die Einteilung des Einkommens für Wachstum und Konsum ist selbstverständlich abhängig von den Bedürfnissen und Wünschen.

Ab einem bestimmten Vermögen ist es gewiss interessant, das Geld in einer Immobilie, einem Aktienpaket oder in Fonds anzulegen. Denn so schaffe ich mir für die Zukunft eine von meinem persönlichen Arbeitseinsatz unabhängige Geldquelle. Meine Anforderungen an meine Lebensgestaltung sind finanziell sehr überschaubar. Aber es macht mir viel Spaß, gutes Geld zu verdienen und es anzulegen. Denn letztlich ist das, was ich verdiene, Ausdruck der Wertschätzung meiner Kunden.

Ihr K-B-P

Nun geht es aber endlich los mit Ihrem ganz persönlichen K-B-P. Es ist selbstverständlich möglich und sogar wahrscheinlich, dass Sie zu anderen Schwerpunkten kommen oder für sich andere Formulierungen finden. Sie müssen K-B-P nicht unbedingt so übernehmen, wie ich es darstelle, Sie sollten aber die Idee übernehmen. Die Talentformel K-B-P beschreibt die Eckpfeiler dessen, was Leben gestaltet und Ihrer Vision einen konkretes Fundament gibt. Wählen Sie eine Formulierung, die Ihnen besser entspricht. Wichtig ist, dass Sie für sich eine ganz persönliche Talentformel entwickeln, die sich tief in Ihrem innersten Herzen einprägt und Ihre Gedanken und Ihr Handeln leitet.

Ich bin jedoch fast sicher, dass auch Ihre Vorhaben mit diesem K-B-P-Grundschema übereinstimmen. Nehmen Sie Ihr Brain Mapping zur Hand, wenn nötig, überarbeiten Sie es noch einmal, und dann schauen Sie, wie Sie Ihre Visionen benennen können, welche Begriffe sich für Ihr K-B-P daraus ableiten lassen und welche Strategiepunkte sich daraus für Sie ergeben. Zweigt beispielsweise unter dem Oberbegriff „Gesundheit" der Ast „Ernährung" oder „Joggen" ab, sind das zwei Strategiepunkte, die Sie in Ihr K-B-P übernehmen. Gibt es den Obergriff „Geld“, dann gehören dazu vielleicht die Äste „Höheres Einkommen“ und „Altersvorsorge“ - zwei Strategiepunkte also für den Bereich Profession. Arbeiten Sie aus ihrem Brain Mapping sechs Oberbegriffe heraus, denen Sie alles, was an den kleineren Ästen steht, zuordnen können. Diese kleineren Äste sind Ihre persönlichen Strategiepunkte.

K-B-P					
Köper		Beziehungen		Profession	
Gesundheit	Bewusstsein	Freunde	Net	Job	Geld

Balance finden

Wenn sich herausstellt, dass Ihr K-B-P ein Feld ziemlich außer Acht lässt, dann nehmen Sie das als Anregung, an diesem Thema zu arbeiten. Auch die Überbetonung eines einzigen Aspekts hat noch nichts mit Meisterschaft zu tun. Wer einzig und allein auf seine Gesundheit achtet, wird vielleicht ein verkniffener Idealist, sicherlich aber kein Mensch, der seine Talente nutzt und das Leben genießt. Und nur auf Job und Geld zu setzen, kann eher zum Herzinfarkt führen als zu einem motivierten, begeisterten Dasein.

Es kommt nicht darauf an, auf der einen Seite eine tolle Ehe zu führen, aber gleichzeitig einen langweiligen Beruf zu haben und auf die Rente zu warten. Ebenso wenig im Gleichgewicht ist derjenige, der zwar „top" im Job ist, seine Familie aber nur einmal in der Woche sieht, oder nur noch den Weg nach Hause findet, um die Wäsche zu wechseln.

Wenn Sie in einem der drei Bereiche - K, B oder P - unzufrieden mit sich und der Welt sind, hat dies zwangsläufig negative und zuweilen sogar destruktive Auswirkungen auf die beiden anderen. Daher heißt es, in Ihrem Leben aufzuräumen.

Um das Gleichgewicht von K-B-P zu erreichen, sollten Sie sich zunächst bemühen, die Gesundheit Ihres Körpers und Ihrer Seele soweit wie möglich zu vervollkommnen und miteinander in Gleichklang zu bringen. Wenn Sie das erreicht haben, können Sie innerlich ausgeglichen und in sich selbst ruhend in Beziehung zu Ihren Mitmenschen, aber auch zu sich selbst treten. Konsequenterweise wird sich das auch auf den Bereich „P“ auswirken.

Wichtig ist also, dass alle sechs Bereiche in einem ausgeglichenen Verhältnis zueinander stehen. Einseitige Lebensorientierungen sind Gift für einen Menschen, der mit beiden Beinen im Leben stehen will. Begeistertes Leben ist nur möglich, wenn alle Lebensbereiche in der Balance stehen.

Es nützt jedoch nichts, wenn Sie in den nächsten zwei Jahren die dem Bewusstsein zugeordneten Strategiepunkte umsetzen wollten, in den folgenden zwei Jahren dann die, die Ihre Gesundheit erhalten, und sich dann für einige Zeit dem Bereich „Freunde“ widmeten. Denn jeder Strategiepunkt in einem Bereich ist eng verbunden mit denen in allen anderen Bereichen. Und jeder Strategiepunkt ist ein weiterer Schritt hin zu Ihrer Lebensvision, für die Ihr Talent der Ausgangspunkt ist.

3. Ziele festlegen

Visionen brauchen Ziele

Ihre Talentformel ist die Darstellung Ihrer Vision, und die Strategiepunkte beinhalten das, was Sie tun wollen, um Ihrer Vision näher zu kommen. Aber: Warum wollen Sie mehr Geld verdienen? Warum wollen Sie joggen? Warum wollen Sie sich verstärkt um Ihre Familie oder Ihre Freunde kümmern?

Um Ihre Vision umzusetzen, brauchen Sie Ziele. Denn wenn Sie nicht wissen, welchem Ziel Ihre Strategiepunkte dienen, kann es durchaus sein, dass Sie irgendwann die Lust an deren Umsetzung verlieren. Strategiepunkte ohne ein klares Ziel sind so, als suchten Sie auf einem Schiff den besten Liegeplatz, ohne zu prüfen, in welche Richtung das Schiff fährt.

Antoine de Saint-Exupery hat einen Satz geschrieben, an dem sich das gut darstellen lässt:

Wenn Du ein Schiff bauen willst,	**Ziel**
so trommle nicht Männer zusammen, die Holz beschaffen, Werkzeuge vorbereiten, Holz bearbeiten und zusammenfügen,	**Strategie**
sondern lehre sie die Sehnsucht nach dem weiten Meer	**Vision**

Visionen werden erst durch Ziele richtig präzisiert. jedes Ziel ist ein Meilenstein auf dem Weg zur Vision. Wenn Ihre Strategiepunkte keinen konkreten Zielen dienen, ist es möglich, dass Ihre Vision noch nicht so ganz stimmt. Aber wenn Sie aus Ihrem K-B-P Ziele ableiten können, die Ihrem Leben Motivation und Begeisterung schenken, haben Sie den besten Grund anzunehmen, dass Ihre Vision tatsächlich mit Ihren Talenten übereinstimmt.

Als Beispiel noch einmal meine Vision (Dr. Wolf Lasko): Vitalität, Leidenschaft und Erfolg. Dem K habe ich Gesundheit und dort konkret den Punkt Ernährung und Aktion zugeordnet. Und das natürlich nicht, weil es zur Zeit „chic" ist, sich gesund zu ernähren oder Sport zu treiben. Für mich sind diese Strategiepunkte mit ganz klaren Zielen verbunden: Ich will mich so ernähren, wie es für mich gesund ist, aber auch, weil ich innerhalb eines Jahres mein Gewicht von 79 Kilo auf 74 Kilo reduzieren und auch halten will. Die Bewegung dient dem Ziel, mir bis ins Alter eine gute Durchblutung und ein gesundes Herz zu erhalten. Meine Strategiepunkte sind also sinnvolle Methoden, um Ziele zu erreichen, die meiner Vision, in diesem Fall dem Punkt Vitalität, dienen.

Die Klarheit der Ziele

Ihre Ziele sind die detaillierten Formulierungen Ihrer Talente und Visionen. Ziele präzisieren den richtigen Weg, lassen Talente und Visionen lebendig werden. Ziele haben eine unbändige Kraft. Sie schaffen eine mentale Wirklichkeit und setzen die Wegweiser in die Zukunft. Niemand ist wirklich faul, ängstlich und ineffektiv, er hat nur falsche Ziele.

Ziel kommt von dem Wortstamm „ziehen, zu etwas ziehen". Ziele ziehen zu etwas hin. Daraus erklärt sich auch die Trägheit mancher Menschen. Trägheit ist das Resultat von Zielen ohne Antriebskraft. Und lesen Sie das Wort „Leben" einmal rückwärts, dann wissen Sie, wohin solche Ziele führen: in den Nebel.

Vergessen Sie die Ziele, die Sie morgens zurück ins warme Bett ziehen, statt Sie mit Schwung aus den Federn zu treiben. Ihre Ziele sollten so gut sein, dass Sie sich jeden Tag mit Begeisterung dafür in Bewegung setzen, neue Inspiration, neue Leistungsanreize, neue Motivation haben.

Sobald Sie in einem Ziel den Ausdruck Ihres Talentes und einen Meilenstein auf dem Weg zu der Vision gefunden haben, ist keine Entscheidung mehr nötig. Sie sind getragen von einem Gefühl, das Ihr Herz erfüllt. Sie wissen einfach, dass es richtig ist. Und Sie werden den Weg gehen, den Sie sich mit dem Ziel vorgezeichnet haben, und dabei dieses Talent ausbauen, entwickeln und festigen.

Sie können sicher sein: Sobald Sie den Ansatzpunkt für ein Talent gefunden haben, sobald Sie, wenn auch noch unklar, die Richtung erkennen, wird sich eine Tür auftun, hinter der Sie Chancen, Möglichkeiten und Klarheit der Ziele leicht finden und ableiten können.

Ziele dienen dazu, Leben zu erschaffen, Ihr Leben. Also, finden Sie die Ziele, die Ihnen ein faszinierendes Leben bieten. Achten Sie auf Ziele, die Ihre Talente fördern. Jedes Ziel, das Sie begeistert, fasziniert, motiviert, das Sie aus vollem Herzen anstreben, ist eine Möglichkeit, Ihr Talent zu leben und Ihrer Vision näher zu kommen.

Und Klarheit der Ziele bedeutet nichts weiter, als seine Handlung konsequent auf ein Resultat zu konzentrieren. Einfach klar sein im Tun, weil durch die eindeutige Zielwahl in jeder Lebenslage die für sie hilfreichste Alternative schnell zu finden ist. Also kein Leben der verpassten Chancen, weil man zu lange gezögert hat, in Aktion zu treten.

Klare Ziele bringen auch Klarheit ins Leben. Sie geben Ihnen eine Orientierung und sind somit reine Energiebringer, hoch qualifizierte Zeitsparer. Denn je klarer sie sind, je konsistenter Ihr Lebensziel formuliert ist, desto eher findet Ihr Gehirn eine Antwort auf das, was zu tun ist. Klarheit ist machtvoll. Was Sie wirklich wollen, befähigt Sie dazu, die notwendigen Ressourcen freizusetzen.

Ein anderer Aspekt der Klarheit ist, dass Sie nicht unentwegt darüber nachdenken, wie denn wohl das Ziel aussehen könnte. Dabei verschwenden Sie enorm viel Energie. Der Grad der Informationen, die die Sicherheit geben, einen Weg auch wirklich zu gehen, ist niemals vollkommen. Nur irgendwann gilt es, zu gehen, zuzugreifen, damit nicht der Zeitpunkt kommt, zu dem sich die Lebenschancen auf Nimmerwiedersehen entziehen.

Viele Menschen stehen an einer entscheidenden Weggabelung, unterschiedliche Wege zeigen sich auf. Doch bedingt durch eine fehlende innere Klarheit zögern sie. Paralyse! Wer keine Ziele hat, für den ist jeder Weg richtig. Die Frage ist allerdings, ob es dann ein Weg ist, der das Leben funktionieren lässt. Fehlende Ziele lassen die Klarheit fehlen, und die Konsequenz ist: Im täglichen Leben grübeln Sie laufend darüber nach, was genau zu tun sei, wissen nicht, welche der Alternativen, die Ihnen das Leben bietet, für Sie passen könnten. Und damit dürften sich schließlich die verpassten Chancen summieren.

Natürlich, daran müssen ja nicht unbedingt Sie schuld sein, oder? Ausreden und Entschuldigungen dafür gibt es genügend:

- Wenn damals meine Eltern..., dann ...
- Wenn ich das wirklich getan hätte, wäre ...
- Wenn ich noch jünger wäre,...
- Es kommt doch sowieso alles ganz anders!

Menschen mit solchen Entschuldigungen sitzen am Frühstückstisch, verspeisen genüsslich ein dick belegtes Butterbrötchen und wollen eigentlich abnehmen. Solche Menschen haben natürlich auch die besten Vorsätze, ihre Mitarbeiter wieder einmal zu motivieren, ihrem Partner etwas mehr Zeit zu widmen, die Einladung zu dieser Langweiler-Party abzusagen, und und und ...

Doch siehe da, wenn es dann darauf ankommt, werden alle Vorsätze über Bord geworfen, und die alten Gewohnheiten behalten die

Oberhand. Nun ja, sie hatten wirklich die besten Absichten. Leider ist dann zufällig etwas dazwischengekommen. Und sie leben weiter nach dem Motto: „Heute so, morgen so!" Ein hübsches Durcheinander von nicht eingehaltenen Vorsätzen, so genannten Zufällen, zweifelhaften Entschuldigungen und Gewohnheitstaten.

Wahrscheinlich kennen auch Sie dieses Syndrom nur allzu gut: In den letzten Minuten des Jahres wird Resümee gezogen und in leicht alkoholisierter Stimmung der Entschluss gefasst: Ab jetzt wird sich vieles ändern! Dann knallen die Sektkorken, das neue Jahr beginnt. Und schon nach ein paar Tagen haben sich die lobenswertesten Vorsätze in Luft aufgelöst.

Kann man denn überhaupt etwas erreichen, ohne konkrete, den Visionen dienende und die Talente nutzende Ziele zu haben? Kann man wirklich etwas verändern, ohne bis ins Detail erarbeitete, vielleicht sogar niedergelegte Handlungsunterlagen, Orientierungs- und Richtungsfestschreibungen?

Wer in kaufmännischen Bereichen arbeitet, weiß, wie viel Mühe man sich gibt, Ziele zu formulieren. In oft tagelanger Arbeit werden in Unternehmen Konzepte und Strategien entwickelt und schriftlich niedergelegt. Ihre Kunden sind ihnen das wert, denn ohne neugewonnene und zufriedene Kunden wäre eine Firma wohl bald am Ende. Das sieht wohl jeder ein. Aber jetzt überlegen Sie einmal: Wer ist der wichtigste Kunde in Ihrem Leben? Natürlich Sie selbst!

Doch die meisten Menschen haben keine klaren Zielsysteme, noch seltener haben sie sie schriftlich formuliert. Und meist führt es zu großen Verwunderungen, dass mal wieder nicht eingetreten ist, was man sich gewünscht hat. Wer im Leben keine klaren Ziele hat, verläuft sich auf dem Weg zu seinen Visionen.

Für die Verwirklichung Ihrer Visionen ist es wesentlich, den Alltag mit Freude und Energie zu erleben. Und dabei helfen Ihnen Zielsetzungen, die in unterschiedlichen Zeitfristen arbeiten, nach Prioritäten geordnet und in Projekte eingeteilt sind.

Ziele sind ein Instrument, um Klarheit auf Ihrem Lebensweg zu schaffen. Wenn Sie wissen, dass Ziele Ihre Visionen unterstützen, werden Sie genügend Motivation und Begeisterung in Ihrem Herzen spüren, um die notwendigen Schritte zu tun. Dabei ist es völlig uninteressant, ob Sie Stunden oder Tage vertun. Denn es ist viel entscheidender, dass die grundsätzliche Richtung stimmt. Wenn Sie dann etwas tun, können Sie anhand der Resultate zeitnaher Ziele jederzeit prüfen, ob Sie auf dem richtigen Weg sind. Sie werden in Ihrem Leben dort ankommen, wo Sie sein möchten.

Sicher, wir leben in einer Zeit, in der Zeit sehr knapp ist. Zumindest sagen es alle, und zu lesen ist es auch oft genug. Und Sie bekommen eine Menge Informationen, wie Sie Zeit sparen können. Nun, ich halte das für ziemlichen Blödsinn. Die Zeit, die uns heute zur Verfügung steht, stand auch den Menschen vor ein paar tausend Jahren zur Verfügung. Und auch früher gab es Menschen, die damit nicht umgehen konnten, ebenso wie heute. Glauben Sie wirklich, dass Sie Ihre Ziele schneller erreichen, Ihre Visionen eher verwirklichen, je mehr Zeit Sie haben? Glauben Sie, es nützt Ihnen, wenn Sie einen Time-Management-Kursus besuchen oder eines jener dicken Zeitplan-Systeme kaufen, die Ihnen ein hervorragendes Time Management versprechen. Lassen wir es dahingestellt sein, ob Sie mit dieser Technik überhaupt klarkommen werden. Nochmals: Das ist wirklich ausgemachter Blödsinn! Ich behaupte sogar konträr zu all den Aussagen, dass es Spaß macht, absolut ineffizient zu sein und seine Zeit zu vertrödeln. Eines sollte dabei allerdings vorausgesetzt sein: Sie orientieren sich im richtigen Rahmen. Das heißt, die Visionen leben durch Ihr Talent, und die Zielsetzungen sind klar.

Da gibt es Außendienstverkäufer, die hetzen von einem Kunden zum anderen und fühlen sich erst dann zufrieden, wenn sie neun oder zehn Kunden pro Tag besucht haben - unabhängig davon, was sie dadurch erreicht haben. Und es gibt wiederum andere, die besuchen nur einen oder zwei Kunden am Tag, sie haben eine Menge Zeit, sitzen nachmittags vielleicht eine Stunde im Cafe und machen sich

Gedanken über den nächsten Kundenbesuch. Vielleicht relaxen sie aber einfach nur. Diese Verkäufer sind nicht zwangsläufig weniger erfolgreich. Denn wenn die Richtung stimmt, dann führen die abgeleiteten Ziele auch zum Erfolg.

Denn das Instrument par excellence für ein hervorragendes Zeitmanagement sind die richtigen Ziele. Ziele, die Sie Schritt für Schritt Ihrer Vision näher bringen. Denn was nützen Ihnen die tollsten Techniken, Zeit zu sparen, wenn Sie auf dem falschen Weg sind? Die besten Liebestechniken nützen nichts, wenn sie den falschen Partner haben, die ausgefeiltesten Managementtechniken nützen nichts, wenn Sie im falschen Beruf sind. Was nutzt es, wenn Sie in die falsche Richtung fliegen, die Geschwindigkeit beschleunigen, aber letztlich auf dem falschen Flughafen landen? Nichts nützt es Ihnen. Sie brauchen klare Ziele, und allein diese lösen auf einen Schlag das Zeitmanagement-Problem.

Noch eine Frage zum Thema Zeit: Haben Sie schon einmal darüber nachgedacht, wie viel Zeit Sie vertun mit

- Schuldzuweisungen und Rechtfertigungen?
- Stunden vor dem Fernseher, dem Videogerät?
- langweiligen Partys?
- Freunden, die keine sind?
- Essen, obwohl Sie keinen Hunger haben?
- all den Tätigkeiten, um sich vor etwas anderem zu drücken?

Hand aufs Herz - eine Stunde pro Tag - oder sind es nicht eher drei? Nun, einigen wir uns auf zwei Stunden täglich. Auf ein Jahr hochgerechnet sind das 730 Stunden oder etwa dreißig Tage, also ein Monat. Dreißig Tage für nichts! - Wie viel Zeit verwenden Sie hingegen, um an der Orientierung Ihres Lebens zu arbeiten?

Wenn Sie an dieser Stelle zu dem Schluss kommen, dass Sie bisher eigentlich recht wenig Zeit investiert haben, können Sie jetzt die Arbeit an sich selbst nachholen, um Ihrem Leben eine gehörige Portion Begeisterung hinzuzufügen.

Die Qualität von Zielen

An einer amerikanischen Universität wurde in den 50er Jahren bei den Studenten der Abschlussklasse eine Untersuchung durchgeführt. Sie wurden nach einem klaren Ziel für ihr künftiges Leben gefragt und nach einem Plan, um dieses Ziel zu verwirklichen. Nur drei Prozent konnten diese Frage konkret beantworten. Zwanzig Jahre später wurden die ehemaligen Studenten danach befragt, was sie in ihrem Leben erreicht haben. Die drei Prozent, die schon in der Abschlussklasse klare Ziele vor Augen hatten, waren nicht nur finanziell erfolgreicher, sie beschrieben ihr Leben auch als glücklicher und zufriedener als die restlichen 97 Prozent. Ziele haben also zusätzlich den angenehmen Nebeneffekt, dass das Leben insgesamt vergnüglicher wird.

Die Festsetzung der Ziele ist ein wichtiger Schritt. Gewöhnlich bestimmt man sein Ziel in einer völlig angemessenen Richtung, allerdings sehr weit entfernt und noch ziemlich unspezifisch. Nehmen wir an, Sie entscheiden sich dafür, erfolgreich zu sein. Das ist ein Ziel, das sich in der angestrebten Identität als „Ich bin erfolgreich" wiederfindet. Mit diesem Ziel vor Augen richten Sie Ihr Leben aus. Doch bevor Sie dieses Ziel erreichen, müssen Sie es konkretisieren. Wo möchten Sie denn erfolgreich sein? Im Beruf, im Privatleben, in Beziehungen? Daraus leiten sich wieder neue Ziele ab. Denn wenn es Ihre Absicht ist, im Beruf erfolgreich zu sein, müssen Sie zuerst wissen, was das für Sie bedeutet. Bedeutet Erfolg für Sie Zufriedenheit und Spaß oder Karriere und hohes Einkommen? Und dann gehen Sie noch einen Schritt weiter: Wodurch erreiche ich Zufriedenheit oder ein hohes Einkommen? Was muss ich dafür tun? Gehen Sie mit Ihren Zielen so weit nach vorne, dass sie zeitlich in einem sehr nahen Handlungsraum liegen.

Jedes Ziel besteht aus vielen kleinen Zwischenzielen. Und die kleinsten Zwischenziele liegen nicht mehr als wenige Stunden auseinander. Letztlich ist jede Handlung zielorientiert. Jeder Brief, jedes Telefonat, sogar jede Begrüßung dient einem Ziel. Natürlich sind das oft alltägliche oder unbewusste Ziele. Doch wenn Sie wissen, wohin Sie wollen, sollten Sie auf jeden Fall der Handlung den Vorrang geben, die Sie Ihrem Ziel näher bringt.

Wenn Sie sich Ziele setzen, ist es wichtig, sie so klar und präzise wie möglich zu formulieren. Überprüfen Sie Ihre Ziele anhand der folgenden fünf Fragen.

1. Können Sie sich Ihre Ziele exakt vorstellen und sie beschreiben?

Wissen Sie, was Sie fühlen werden, was Sie hören und sehen werden, wenn das Ziel erreicht ist? Schließen Sie einmal die Augen, und träumen Sie sich in die Situation, die Ihrer Zielverwirklichung entspricht. Arbeiten Sie beispielsweise auf eine Prüfung hin, dann wird Ihnen wahrscheinlich während einer Feierlichkeit in einem festlich geschmückten Raum das Zeugnis überreicht, begleitet von Glückwünschen. Vielleicht können Sie die Blumen riechen, mit denen der Raum geschmückt ist. Fühlen Sie das Zeugnis in Ihrer Hand, spüren Sie das erhebende Gefühl, diese Prüfung geschafft zu haben.

Und können Sie auch konkret beschreiben, welche Tätigkeiten beispielsweise in Ihrem Aufgabenbereich liegen, wie viel Mitarbeiter Sie haben oder wie Ihr Büro aussieht? Wie fühlen Sie sich jetzt als Abteilungsleiter?

Vorstellungsbilder haben eine große Kraft, die Sie Ihrem Ziel entgegentreibt. Sie geben Ihnen aber auch gleichzeitig die Möglichkeit der Überprüfung, wann Sie an Ihrem Ziel angekommen sind. Denn nicht immer ist das verbunden mit einem festlichen Akt. Wenn Ihr Ziel eine harmonische Beziehung ist: Wie fühlen, sehen und hören Sie Harmonie? Wenn das in Ihrer Vorstellung klar ist, wissen Sie genau, wann Sie das Ziel erreicht haben.

Schließen Sie die Augen, und malen Sie sich ein genaues Bild von der Zukunft. Ihr Unterbewusstsein wird die nötigen Voraussetzungen schaffen, wenn Sie das Ziel mit restloser Deutlichkeit vor dem geistigen Auge entstehen lassen. Je präziser Ihre Vorstellung ist, umso intensiver können Sie darauf hinarbeiten.

2. Haben Sie Ihr Ziel positiv formuliert?

Worum geht es Ihnen, wenn Sie sagen: Ich will nicht mehr als kleiner Angestellter arbeiten. Das kann alles Mögliche bedeuten. Sie können sich selbständig machen, aber auch arbeitslos sein. In beiden Fällen wäre das Ziel erreicht. Sagen Sie lieber: Ich möchte Abteilungsleiter werden.

Zielformulierungen sollten ein „Hin zu ...“, kein „Weg von ...“ beinhalten. Sie kennen die Aussage entweder von sich selbst oder von anderen: „Ich möchte nicht mehr rauchen.“ Doch damit ist der Fokus immer wieder aufs Rauchen gerichtet. Wenn es Ihr Ziel ist, nicht mehr zu rauchen, dann fokussieren Sie sich mit dieser Aussage auf den Moment des Rauchens. Ihr Fokus liegt in der Vergangenheit und Gegenwart, aber nicht in der Zukunft. Besser wäre es, dieses Ziel so zu formulieren: „Ich atme in jeder Minute klare und gesunde Luft.“

Es gibt immer mehrere Möglichkeiten, wo Sie hinkommen können. Sagen Sie hingegen ganz konkret, wo Sie hin wollen, als „Hin zu ...“, dann schaffen Sie eine Kraftzentrierung, die Sie genau zu diesem Punkt führen wird.

3. **Ist das Ziel aus eigener Kraft zu erreichen, oder ist es von äußeren Umständen abhängig?**

Wenn es Ihr Ziel ist, eine Million im Lotto zu gewinnen, haben Sie eine sehr kleine Chance. Besser ist es wohl, eine Million durch eigene Arbeit zu verdienen.

Wenn Sie auf äußere Umstände oder auf andere Menschen angewiesen sind, haben Sie die schlechtesten Karten der Welt, um irgendwo anzukommen. Also, achten Sie darauf, dass Sie Ihre Ziele eigenständig erreichen können, dass Sie all das selbständig herbeiführen können, was nötig ist. Übernehmen Sie die Verantwortung für sich selbst.

4. **Sind Ihre Ziele mit Ihrem jetzigen Leben vereinbar?**

Was nützt Ihnen das Ziel, in zwei Jahren als Holzfäller in den kanadischen Wäldern zu arbeiten, wenn Sie niemals auf Ihre geliebte Ehehälfte verzichten würden, die nun aber mal auf keinen Fall die attraktive Großstadt gegen frische Waldluft eintauschen will?

Ziele sollten realistisch sein und mit Ihrem gegenwärtigen Lebensumfeld übereinstimmen. Ziele sind immer nur aus dem gegenwärtigen Leben heraus definierbar. Und in diesem Zusammenhang sollten Sie spezifiziert und konkretisiert werden. Das macht sie vorstellbar und dadurch leichter erreichbar. Wie wollen Sie Ministerpräsident werden, wenn Sie sich derzeit noch nicht einmal für Politik interessieren? Das heißt natürlich nicht, dass solche Ziele niemals erreicht werden können. Aber es gehört eine große Menge Kreativität dazu!

5. **Sind die Ziele sinnvoll?**

Sind sie vereinbar mit Ihren Lebenswerten? Ein Ziel kann noch so verlockend sein - wenn es Ihren Lebenswerten entgegensteht, werden Sie daraus keine Kraft auf dem Weg zu Ihren Visionen schöpfen. Denn immerhin stehen Ihre Lebenswerte mit den Talenten in engem Zusammenhang.

Hinterfragen Sie jedes Ziel, ob es mit Ihren Talenten übereinstimmt und ein sinnvoller Schritt auf dem Weg zu Ihrer Vision ist. Überprüfen Sie Ihre Ziele immer wieder darauf, ob sie Hand in Hand miteinander arbeiten, sich gegenseitig Kraft und Unterstützung geben. Wenn die Ziele gegeneinander arbeiten, werden Sie vielleicht keines von ihnen erreichen.

Jedes Ziel, das Sie auf diesem Wege festlegen, ist ein durchaus erstrebenswertes Ziel, auch wenn Sie meinen, es sei ein nie zu verwirklichender schöner Traum. Aber Träume haben die Eigenschaft, sich zu verwirklichen. Und Ihr K-B-P wird Sie dabei unterstützen. Es bereitet Ihnen einen faszinierenden Weg zu den Visionen Ihres Lebens.

Ziele beinhalten eine interessante Eigendynamik. Sobald Sie sich ein Ziel setzen, weiß Ihr Unterbewusstsein, dass Ihre jetzige Situation nicht die ist, die Sie sich wünschen. Ihnen wird der Unterschied bewusst zwischen dem, was ist, und dem, was Sie anstreben. Ihr Gehirn empfindet Unzufriedenheit und setzt Kraft frei, diese Unstimmigkeit zu beseitigen.

Ein Ziel ist der Gedanke an ein erreichbares Resultat. Es ist ein Samenkorn, das in das Feld Ihres Geistes gepflanzt worden ist. Sie müssen Ihre Ziele klar formulieren. So präzise, dass Sie auch nachvollziehbar sind. Wenn Sie klare Ziele haben, können günstige Gelegenheiten sich nicht mehr vor Ihnen verstecken. Und Sie brauchen nicht überrascht zu sein, wenn sich das erfüllt, was Sie sich in der Vergangenheit gewünscht haben.

Auch ein Puzzle werden sie nur zusammensetzen können, wenn zwei Voraussetzungen gegeben sind: Sie kennen das vollständige Bild des Puzzles, und jedes einzelne Stück des Puzzles ist klar umrissen und erkennbar. Erst dann sind Sie in der Lage zu entscheiden, ob ein Teil passt oder nicht. Und sollten Sie einmal versuchen, ein Teilchen dort einzusetzen, wo es nicht hingehört, werden Sie wohl kaum aufhören, das Bild zu vollenden. Sie werden sich umschauen und ein neues Teil versuchen einzusetzen, solange, bis Sie das gefunden haben, das passt. Wenn Ihre Vision das vollständige Bild eines Puzzles ist, können Sie nur entscheiden, ob ein Ziel als Teil des Puzzles in Ihre Vision passt, wenn dieses Ziel klar umrissen ist.

Ein Ziel gibt eine bestimmte Richtung vor. Wenn ich von dort, wo ich gerade stehe, nach Hause gehen will, wird es an einer Stelle richtig sein, links abzubiegen. Danach muss ich ein Stück geradeaus gehen, dann rechts und dann nochmals links abbiegen. Ich kenne also den Weg und ich weiß, dass ich in die falsche Richtung gehe, wenn ich mich dort nach links wende, wo ich eigentlich nach rechts müsste. Das gleiche Prinzip gilt auch beim Erreichen von Zielen: Das, was mich von meinem Ziel wegführt oder ihm entgegensteht, ist falsch; was mich geradewegs zum Ziel hinführt, ist richtig. Es gibt also keine Definition von gut oder schlecht, falsch oder richtig ohne ein Ziel. Aber wenn Sie Ihr Ziel kennen und wissen, was in Ihrem Leben Priorität hat, dann können Sie beurteilen, ob etwas falsch oder richtig für Sie ist.

Geheimnis des funktionierenden Denkens

Dennoch kann es passieren, dass Sie irgendwann einen Punkt erreichen, an dem Sie sagen: „Schön. Ich habe zwar mehr Klarheit über mich selbst gewonnen. Ich habe Aufschluss über meine Talente erlangt, eine faszinierende Vision entwickelt und daraus die entsprechenden Ziele abgeleitet. Nur: Mit den Resultaten, die ich erziele, bin ich immer noch nicht zufrieden. Irgendetwas scheint mich daran zu hindern, genau das zu tun, was ich als wichtig und richtig erkannt habe." Machen Sie sich einmal mit der folgenden Aussage vertraut: Alles, was der menschliche Geist entwerfen kann, kann er auch erreichen. Was nichts anderes bedeutet, als dass Sie genau das bekommen., was Sie denken.

Ein Beispiel: Legen Sie einen sechs Meter langen Balken von ungefähr zehn Zentimeter Breite auf den Boden. Dann balancieren Sie hinüber. Kein Problem wahrscheinlich. Sie fallen nicht herunter, Sie denken nicht einmal daran, dass Sie herunterfallen könnten. Würden Sie auch dann noch über diesen Balken gehen, wenn er sich in zwei Meter Höhe befände oder über einen Fluss führte? Die wenigsten Menschen wären jetzt dazu bereit. Die Gedanken an das, was alles passieren könnte, limitieren die Tat.

Ein weiteres Beispiel soll Ihnen verdeutlichen, dass nicht nur die Tat und das Resultat von den Gedanken abhängen, sondern dass die Kraft der Gedanken auch Einfluss nimmt auf manchmal äußerst subtile Körperreaktionen. Sie kennen den Deltamuskel-Test? Halten Sie einen Arm rechtwinklig zur Seite, die Hand weist nach oben. Dann schließen Sie die Augen und denken an etwas sehr Erfreuliches. Nun bitten Sie jemanden zu versuchen, ohne große Kraftanstrengung Ihren Arm mit einer Hand herunterzudrücken. Sie werden sehen, dass Sie mit nur leichtem Gegendruck Ihren Arm in dieser Position halten können. Wenn Sie dagegen währenddessen an etwas Negatives denken, vielleicht an ein trauriges Erlebnis, dann hat Ihr Übungspartner leichtes Spiel: Ohne große Anstrengung kann er Ihren Arm herunterdrücken. Das hat nichts damit zu tun, dass negative Gedanken mehr Konzentration erfordern als positive. Das hat nur damit zu tun, dass negative Gedanken den Körper schwächen.

Interessant wird dieser Test, wenn Sie ihn unabhängig von den eigenen Gedanken durchführen. Jede Wahrnehmung, auch wenn Sie ihr eine neutrale Bedeutung beimessen, kann Sie schwächen oder stärken. Versuchen Sie es mit den folgenden Bildern.

Halten Sie den Arm wieder seitlich abgewinkelt und lassen Sie von Ihrem Übungspartner die Kraft testen. Wenn er „stark" testet, schauen Sie auf das erste Bild:

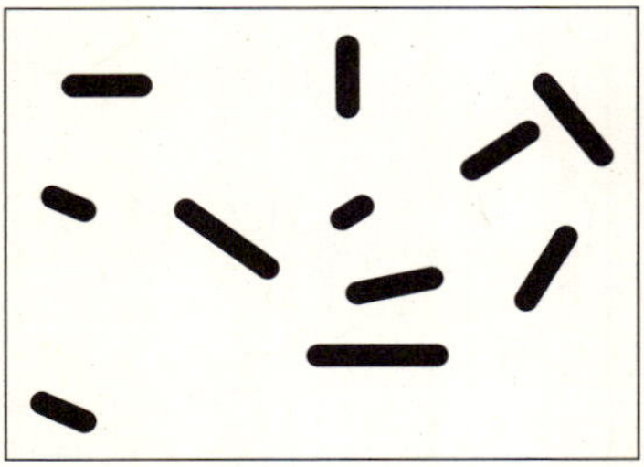

Das Ergebnis wird wahrscheinlich sein, dass Ihr Arm sich ohne Mühe niederdrücken lässt.

Nun schauen Sie auf dieses Zeichen:

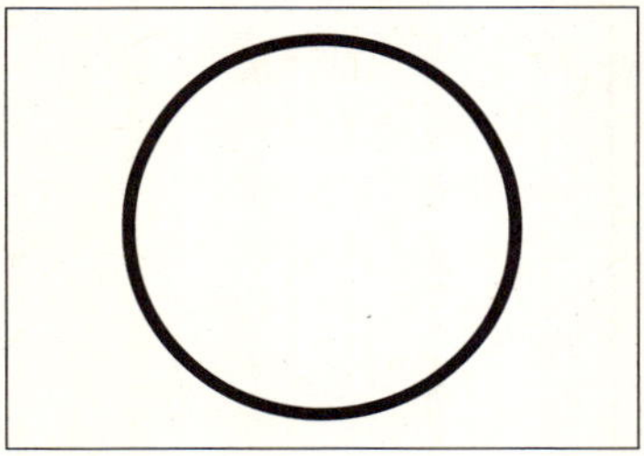

Höchstwahrscheinlich bleibt Ihr Arm jetzt oben.

Und was passiert bei diesen beiden Zeichen?

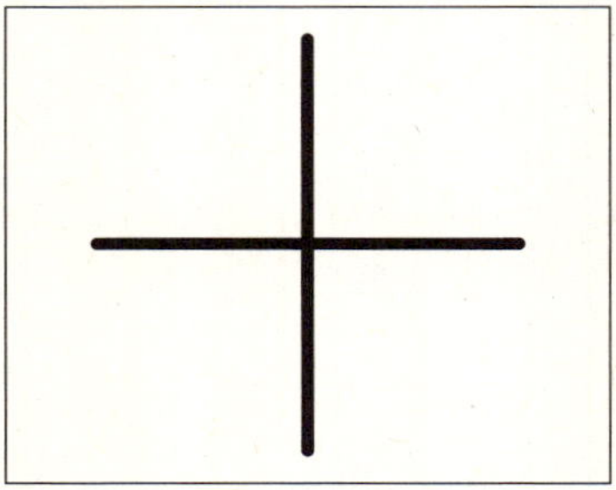

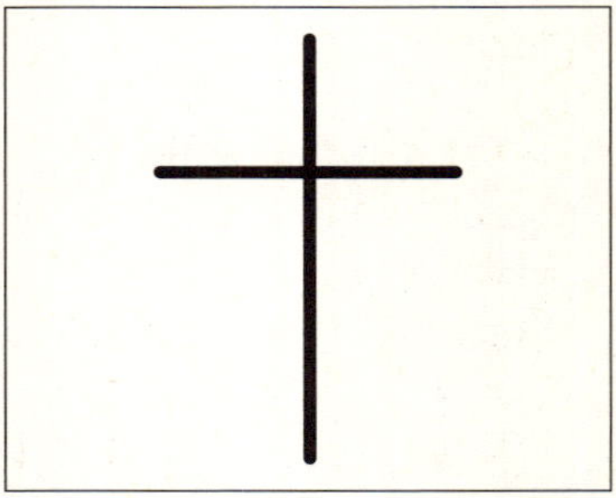

Das Kreuz der Christen wird eine schwächendere Wirkung auf Ihren Körper haben als das rechts abgebildete Bischofskreuz.

Sie fragen nach dem Zusammenhang? Nun, wie Sie gerade gemerkt haben, übertragen selbst so einfache Zeichen wie die abgebildeten eine feinstoffliche Schwingung, die Einfluss nimmt auf Ihre Kraft und Ihr Wohlbefinden. Und da ist es wohl mehr als plausibel, dass Ihre Energie umso stärker abnimmt, je mehr Negatives in Ihrem Kopf Platz findet.

Alles, was Sie wahrnehmen, wird bewertet, ob Sie es bewusst oder unbewusst tun. Und Sie reagieren darauf mit Ihren Gedanken. Möglicherweise folgt darauf das Wort, mit Sicherheit aber das Handeln, das Tun, dem am Ende das Resultat entspricht. Der Gedanke ist genauso Materie, genauso existent wie das Resultat, auch wenn Sie ihn im Gegensatz zum Resultat weder fühlen noch sehen können. Gedanken haben eine sehr feinstoffliche Energie, die sich in einem Ergebnis manifestiert. Kein Mensch wird glücklich sein, wenn er sich die meiste Zeit des Tages unglücklichen Gedanken widmet. Keiner kann erfolgreich sein, wenn sein Denken ihn nicht darin unterstützt. Sie können immer nur die Resultate erzielen, die Ihren Gedanken entsprechen.

Der Gedanke ist die Ursache allen Seins, er existiert und wird vielleicht nur mit einer Zeitverzögerung auf der materiellen Ebene sichtbar und spürbar. Das heißt, wenn Sie einmal in einer ganz bestimmten Art und Weise etwas denken, wird es so sein. Und wenn Sie vorwiegend pessimistische Gedanken bevorzugen, wir Ihr Leben ein pessimistisches sein, in Langeweile und Schwarzmalerei verlaufen.

Sollten die folgenden Gedanken in Ihrem Kopf ein sicheres Zuhause haben, dann wird es in Ihrem Leben genau so aussehen:

- Das Leben ist ziemlich hart, und es macht so müde, dass für die Umsetzung der Ziele keine Kraft mehr bleibt.

- Außerdem muss man ziemlich viel arbeiten, um ein bisschen Vergnügen haben zu dürfen.
- Warum soll man überhaupt erfolgreich werden, denn dass Geld die Wurzel allen Übels ist, ist doch nur allzu bekannt.
- Und warum soll man sich abrackern, wenn man noch nicht einmal weiß, ob die Talente überhaupt ausreichen, um diese spinnerten Visionen verwirklichen zu können.
- Ab einem bestimmten Alter soll man von solchen Dingen eher die Finger lassen. Denn was Hänschen nicht lernt, lernt Hans nimmermehr.

In diese Richtung gibt es noch etliche andere Gedanken wie: Das kann ich nicht ..., das geht nicht..., das ist falsch..., ist mir egal..., ich weiß nicht, wie das geht..., das kann nicht sein ...

Wenn solche oder ähnliche Gedanken Ihnen sehr vertraut sind, ist es für Sie sicher sinnvoll, darüber nachzudenken, ob diese Gedanken das Resultat Ihrer eigenen Erfahrungen und Überlegungen sind. Vermutlich nicht. Viel wahrscheinlicher ist, dass sie wie bestimmte Verhaltensweisen Ihnen von Kindheit an von anderen Menschen vorgegeben wurden, von den Eltern, den Verwandten, später von den Lehrern und von all den anderen Menschen, mit denen Sie häufig zu tun hatten und haben. Und wie ein Computer, der mit diesen Informationen gefüttert wird, nehmen Sie diese Meinungen an und handeln, reagieren und denken entsprechend. Eben wie ein Computer, der nichts anderes weiß, als das, was man ihm vorgegeben hat.

Mit solchen Denk-Vorgaben können Sie sich natürlich nicht nach Ihren persönlichen Bedürfnissen, Ihren Wünschen und Inspirationen richten. Vielmehr folgen Sie einer vorgeschriebenen Lebensgeschichte, die andere für Sie formuliert haben. Die seit der Kindheit antrainierten Verhaltensweisen und Denkmuster sind für erwachsene Menschen wertlos wie Einwegpackungen.

Wenn Sie also Lust auf ein glückliches, vitales, leidenschaftliches, erfolgreiches Leben haben, denken Sie konsequent. Schicken Sie Ihre Gedanken wie Pfeile in die Richtung, die Sie gehen wollen. Die Kraft, gezielt zu denken, haben Sie. Sie brauchen sie nicht erst zu erlernen, Sie müssen nur Ihren Fokus richtig lenken. Ihre innere Kraft, diese unerschöpfliche Quelle der Lebensfaszination, möchte nichts lieber tun, als die Fesseln zu zerreißen, die sie begrenzen. Sie will nichts lieber als Ihre Vision mit Leben zu erfüllen.

Schauen Sie sich diesen Baum an:

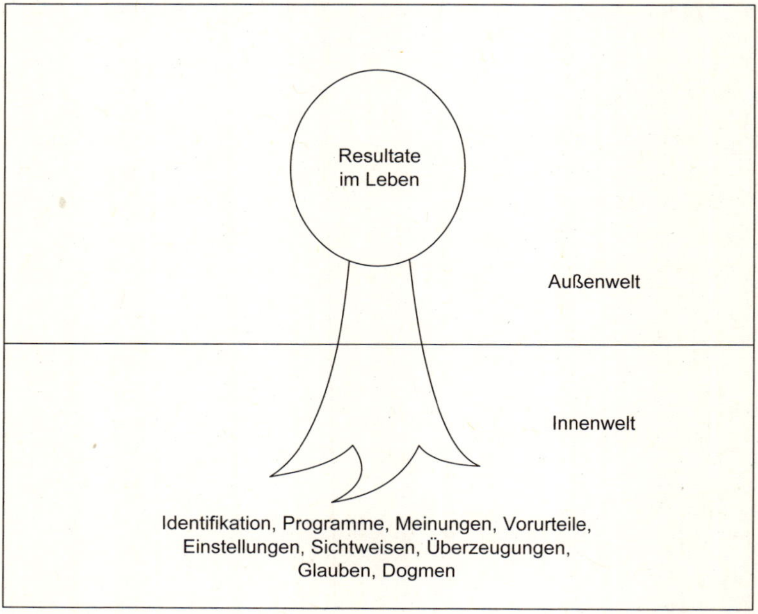

Aus den Wurzeln Ihrer Identifikation mit den Meinungen, Vorurteilen, Einstellungen, Sichtweisen, Überzeugungen, dem Glauben und den Dogmen, die Sie mit auf den Lebensweg bekommen haben, entwickelt sich der Stamm entsprechend der Kraft, die in dieser Identifikation liegt. Und sollten die Programme der Vergangenheit und die daraus resultierenden Gedanken sich eher schwächend als stärkend auf Ihre Innenwelt auswirken, kann sich daraus auch nur ein schmächtiger Stamm bilden, der nicht fähig ist, eine mächtige Krone zu tragen.

Sie sind Akteur, Regisseur und Schöpfer Ihres Lebens. Sie erschaffen sich selber. Sie bestimmen mit Ihren Gedanken den Kurs Ihres Lebens. Wenn Sie das Leben mit einem Schiff vergleichen, dann sind Sie der Kapitän auf der Brücke. Seine Anweisungen, die Gedanken, gibt er weiter an das Unterbewusstsein, das im Maschinenraum sitzt und genau das tut, was ihm gesagt wird. Es sieht nicht, was los ist, es setzt nur die Kommandos präzise und gewissenhaft um, die ihm zugeleitet werden. Wehe, der Kapitän nutzt die Navigationsinstrumente nicht oder kennt sie noch nicht einmal! Er wird den Kurs nicht kennen und Anweisungen weiterleiten, die das Schiff irgendwo hinführen. Mit Sicherheit aber nicht dorthin, wo es eigentlich hätte ankommen können. Wenn Sie Ihre Talente, die wichtigsten Navigationsinstrumente des Lebens, nicht nutzen, werden Sie Gedanken an das Unterbewusstsein weiterleiten, die Sie irgendwann einmal gelernt haben. Und das hat selten mit dem für Sie richtigen Kurs zu tun.

Hoffnung

Natürlich können Sie sich jetzt auch still in eine Ecke setzen und darauf hoffen, dass nach der harten Arbeit an den 49 Prüfungen die gewünschten Resultate wie von selbst eintreten werden. Irrtum! Hoffnung ist ein intellektuelles Beruhigungsmittel, ein genialer Selbstbetrug und das gefährlichste Gift für Ihre Ziele und Visionen.

Wer hofft, kann sich hinsetzen, die Hände in den Schoß legen und sich dem Gedanken hingeben, irgendjemand werde schon etwas tun. Wer immer auch dieser Jemand sein soll, mitunter wird man verdammt alt, bis man erkennt, dass die Hoffnung sich nicht erfüllen wird. Jede Reise beginnt mit dem ersten kleinen Schritt. Wer einzig und allein an das Erreichen der Ziele denkt, ohne einen Schritt zu unternehmen, wird auf der Strecke bleiben. Hoffen ist Untätigkeit, ist Ausharren, ist letztlich Selbstbetrug. Vergessen Sie das Wort Hoffnung.

Wenn Sie Ihr Brain Mapping höchst diszipliniert erarbeitet haben und Ihre Ziele mit großem Ernst hinterfragt haben - es nützt alles nichts, wenn Sie jetzt darauf warten, dass andere, vielleicht bis hin zur höchsten göttlichen Instanz, sich für Sie einsetzen und etwas für Ihre Ziele tun. Weit gefehlt! Gott ist kein kosmischer Babysitter, und auf die Taten anderer Menschen haben Sie sicherlich schon häufiger vergeblich gewartet.

Hoffen ist Träumen, Hoffen ist Ausharren und Untätigkeit. Nur weil kleine, brave Kinder von Ponys träumen, bekommen sie noch lange keines. Das einzige Resultat der Hoffnung ist Paralyse par excellence. Tauschen Sie Hoffen mit zuversichtlichem Handeln, und der Mitmensch wie auch Ihr „kosmischer Babysitter" werden Sie unterstützen.

„Es wird schon werden" und „Das Schicksal wird's schon richten". Wenn diese Sätze zu Ihrem Repertoire gehören - bitteschön. Gottvertrauen macht stark, aber erstens wissen Sie nie, was werden wird, und zweitens sollten Sie sich den Satz zu Herzen nehmen: „Vertraue auf Gott und binde deine Kamele an."

Der fehlende Mut, seine eigenen Grenzen zu sprengen, vertraute Gewohnheiten zu verlassen und alten Denkmustern Lebewohl zu sagen, dieser Mangel an Mut und der daraus resultierende Selbstbetrug der Rechtfertigung, „warum man etwas nicht tut", sind ein Preis, der Leben nicht funktionieren lässt. Glauben Sie nicht, dass Hoffnung eine Tugend ist! Vielmehr führt sie zu Schuldzuweisungen, denn wenn Sie Ihren „inneren Schweinehund" nicht überwinden, müssen Sie andere finden, denen Sie dann die Schuld zuschieben können.

Können Sie der Hoffnung, dem ärgsten Feind des aktiven Handelns, entfliehen, ist die Gefahr aber noch nicht gebannt. Häufig treffen Sie dann auf den fast ebenso üblen Zwillingsbruder: den Versuch.

Wie fühlen Sie sich, wenn Sie jemanden um einen Gefallen bitten und Sie daraufhin die Antwort erhalten: „Ich werde es versuchen."?

Sie ahnen, dass nichts geschehen wird. Denn mit der Antwort hat sich Ihr Gesprächspartner schon die Hintertür geöffnet, damit er es nicht tun muss. Und versuchen Sie einmal, einen Stift, der vielleicht gerade vor Ihnen liegt, in die Hand zu nehmen. Was passiert? Entweder Sie greifen zu, oder Sie lassen ihn liegen. Und das heißt: Sie tun etwas oder Sie tun nichts. Aber versuchen, etwas zu tun, hält von der Handlung ab. Denn versuchen heißt nichts anderes, als dass Sie ein Hindernis erwarten, das Sie letztlich von der Umsetzung, von dem Tun, abhalten wird.

Also „versuchen" Sie nicht länger, irgendetwas zu tun. Tun Sie es einfach. Tun Sie das, was Ihnen Spaß macht, tun Sie, was Sie fasziniert und begeistert. Ergreifen Sie jede Chance, die sich Ihnen bietet. Nur der Versuch, diese Chance zu ergreifen, ist schon im voraus zum Scheitern verurteilt.

Und es wäre doch schade, mit so viel Mühe Ziele erarbeitet zu haben, um dann irgendwann an einem Punkt zu stehen und sagen: „Ich habe alles versucht, aber..." Wer stets lebt im Hoffen und Harren, der landet eines Tages unter den Narren.

Ziele, die wie von selbst eintreten werden! Mitnichten werden sie! Hoffnung ist ein intellektuelles Beruhigungsmittel, ein genialer Selbstbetrug und das gefährlichste Gift für Ihre Ziele und Visionen.

Wer hofft, kann sich hinsetzen, die Hände in den Schoß legen und sich dem Gedanken hingeben, irgendjemand werde schon etwas tun. Wer immer auch dieser Jemand sein soll, mitunter wird man verdammt alt, bis man erkennt, dass die Hoffnung sich nicht erfüllen wird. Jede Reise beginnt mit dem ersten kleinen Schritt. Wer einzig und allein an das Erreichen der Ziele denkt, ohne einen Schritt zu unternehmen, wird auf der Strecke bleiben. Hoffen ist Untätigkeit, ist Ausharren, ist letztlich Selbstbetrug. Vergessen Sie das Wort Hoffnung.

Ziele sind sinnlos!?

Sie wurden aufgefordert, Ihre Ziele zu überprüfen, Ihre Denkmuster zu hinterfragen und aktiv zu handeln. Und es wird Sie sicher erstaunen, wenn ich nach all dem nun behaupte: Ziele sind sinnlos!

„Verrückt", werden Sie wohl sagen, und: „Wieso sind Ziele sinnlos, und wieso habe ich mir dann so viel Arbeit gemacht?" Nun, aus einem ganz einfachen Grund: Stellen Sie sich vor, Ihr Ziel vor fünf Jahren war es, Abteilungsleiter mit zwanzig Mitarbeitern zu werden. Die fünf Jahre sind um. Sie haben sich angestrengt, auf Freizeit verzichtet, intensiv an Ihrem Weiterkommen gearbeitet. Und eine kleine Feier innerhalb der Firma dokumentiert, dass Sie Ihr Ziel erreicht haben. Sie glauben, jetzt können Sie sich hinsetzen und das Erreichte genießen? Von wegen! Ein Ziel ist niemals ein Schlusspunkt. Denn mit Sicherheit kommen mit dem erreichten Ziel neue Aufgaben auf Sie zu. Sie müssen mehr Verantwortung übernehmen, Ihre Führungsqualitäten verbessern, mehr über Ihr Fachgebiet lernen. Und schon setzen Sie neue Prioritäten, bilden sich neue Ziele.

Und bestimmt sind in den vergangenen fünf Jahren neue Ideen entstanden, die auch schon wieder neue Ziele vorgeben. Denn wenn Sie es bis zum Abteilungsleiter geschafft haben, können Sie doch anschließend einen Sitz im Vorstand anstreben. Und natürlich ist der berufliche Aufstieg auch mit einem höheren Einkommen verbunden. Warum also nicht ein größeres Haus in einer schöneren Gegend kaufen? Wieder ein Ziel.

Denken Sie an die Ziele, die Sie bisher erreicht haben. Mit Sicherheit haben Sie jedes Mal eine interessante Erfahrung gemacht: Das Ziel an sich ist leer. Denn erstens haben Sie eine Menge Arbeit gehabt, um es zu erreichen, und zweitens ist es gewöhnlich nur die Vorstufe für das nächste Ziel. Das geht Schritt um Schritt weiter, bis ins Unendliche. Ein erreichtes Ziel ist der Ausgangspunkt für das nächste, und bereits auf dem Weg dorthin tauchen neue Wünsche auf. Ziele reihen sich aneinander wie die Glieder einer Kette. Doch sie bilden keine gerade Linie, führen in keine Richtung, sondern wachsen spiralförmig umeinander herum. Sobald eines erreicht ist, schließt sich schon das nächste an. Wie schon Wilhelm Busch sagte: „Ein jeder Wunsch, der sich erfüllt, kriegt augenblicklich Junge." Warum dann also überhaupt Ziele?

Ziele gleichen Defizite aus. Der Punkt, an dem Sie sich in Ihrem jetzigen Leben befinden, ist dadurch gekennzeichnet, dass Sie einen Mangel empfinden. Irgendetwas fehlt zu Ihrer Zufriedenheit. Und Sie glauben, das angestrebte Ziel werde dieses Defizit beheben. Doch mit jedem erreichten Ziel stellen Sie fest, dass es noch mehr gibt, was Ihre Zufriedenheit steigern könnte. Erreichte Ziele setzen niemals den Schlusspunkt, sie eröffnen immer wieder neue Möglichkeiten.

Ziele schenken Ihnen den Weg! Ziele haben einzig und allein die Aufgabe, Sie in Bewegung zu bringen. Zu mehr haben Ziele keinen Sinn. Ziele setzen Handlungen in Gang, sie machen den Kopf frei und lassen Sie - so paradox es auch klingen mag - die Ziele vergessen. Ziele schenken Ihnen ein Leben im Heute. Es ist ohne Belang, was heute wäre, wenn Sie damals... oder was morgen sein wird, wenn... Sie trauern weder der Vergangenheit mit ihren verschenkten Chancen nach, noch hoffen Sie auf die eventuellen Möglichkeiten der Zukunft. Sie handeln jetzt, immer eine Vision im Blickfeld, die sich aber auf Ihrem weiteren Weg bestimmt verändern, erneuern oder vervollkommnen wird.

4. Prioritäten setzen

Ihr persönliches K-B-P

Sie haben Ihre Ziele jetzt klar definiert? Sie können sie sich exakt vorstellen und beschreiben, und Sie sind sicher, sie auch erreichen zu können? Gut, dann nehmen Sie sich jetzt bitte viel Zeit und Ihr K-B-P mit den Strategiepunkten. Auf ein DIN A3-Blatt, am besten im Querformat, übertragen Sie das Grundschema des K-B-P, und in die entsprechende Spalte schreiben Sie sorgfältig und gewissenhaft die klar definierten Ziele, die zu den einzelnen Strategiepunkten gehören. Bitte mit Bleistift! Denn am Ende dieses Kapitels wird es wohl nochmals einige Änderungen geben.

Noch einmal das Schema:

K-B-P					
Köper		**Beziehungen**		**Profession**	
Gesundheit	Bewusstsein	Freunde	Net	Job	Geld

Wenn Sie zum Beispiel wie ich (Dr. Wolf Lasko) den Strategiepunkt „Wachstum“ in der Rubrik „Geld“ eingetragen haben, könnte Ihr Ziel sein, bis zu einem bestimmten Zeitpunkt die Summe X gespart zu haben. Unter Gesundheit haben Sie möglicherweise stehen: Abnehmen. Das Ziel wäre dann, bis zu einem festen Zeitpunkt ein klar benanntes Körpergewicht erreicht zu haben.

Vielleicht stellen Sie schon während des Aufschreibens Ihrer Ziele fest: So viele Stunden hat kein Tag, und so viele Tage hat keine Woche, um diese Ziele wie gedacht zu realisieren. Würden Sie trotzdem versuchen, alle Ziele wie gedacht umzusetzen, erginge es Ihnen bald wie dem Jongleur, der nicht erkannte, dass es für ihn unmöglich ist, mit 100 Bällen zu jonglieren. Jeder Versuch scheiterte, und sein Bemühen, mit 100 Bällen gleichzeitig zu arbeiten, führte immer wieder zu dem Resultat, dass er nicht einen einzigen Ball in der Hand hielt. So ist das eben: Wer alle Hasen jagt, wird keinen einzigen Hasen fangen.

Konzentrieren Sie sich also immer nur auf Ziele, die gegenwärtig machbar sind, sowohl inhaltlich als auch zeitlich. Setzen Sie Prioritäten! Wenn Sie ein Haus bauen, fangen Sie auch nicht mit dem Dachstuhl an! Eine Entscheidungshilfe dabei könnten Fragen sein wie: Was ist am ehesten und am einfachsten umzusetzen? Was ist sinnvoll, sofort zu tun? Für welches habe ich bereits die notwendigen Voraussetzungen geschaffen?

Werden Sie sich darüber klar, in welcher Reihenfolge die Ziele am besten zu erreichen sind, so dass eines das andere trägt, statt dass sie sich gegenseitig im Wege stehen.

Prioritätskonflikte

Trotzdem kann es natürlich passieren, dass einige Ziele Ihres K-B-P miteinander in Konflikt stehen oder dass Sie zu viele Zielsetzungen auf einmal formuliert haben.

Schauen Sie sich das Beispiel eines Menschen an, der sicherlich keine besonders großen Ziele hatte, aber schon innerhalb weniger Wochen so gestresst war, dass er sie nicht mehr konsequent leben konnte.

Gesundheit

Ziel: Ich achte auf meinen Körper. Dafür schlafe ich regelmäßig acht Stunden und besuche zweimal in der Woche ein Fitness-Studio.

Bewusstsein

Ziel: Jeden Sonntagnachmittag treffe ich mich mit interessanten Menschen zu einem regen Gedankenaustausch über geistiges Wachstum.

Freunde

Ziel: Die ersten zwei Stunden des Feierabends gehören meiner Familie. Dann lasse ich mich von nichts und niemandem stören.

Net

Ziel: Einmal im Monat arrangiere ich ein Meeting, um sehr gute Geschäftskontakte auf privater Basis zu vertiefen, zum Beispiel beim Golf.

Job

Ziel: Ich nehme an firmeninternen Weiterbildungsseminaren teil und besuche jeden Mittwochabend einen Englisch-Kurs für Fortgeschrittene.

Geld

Ziel: Ich mache jeden Tag zwei Überstunden, um für eine Eigentumswohnung zu sparen.

Ein Vergleich der Ziele untereinander zeigt, dass sich dieser Mensch offensichtlich zu viel vorgenommen hat. Nun geht es also darum, die Ziele inhaltlich und zeitlich zu überprüfen. Ein guter Ansatz scheint hier bei den Werten Freunde und Geld zu liegen. Denn wenn er jeden Tag zwei Überstunden macht und die ersten zwei Stunden des Feierabends der Familie widmet, wird er für die anderen Aktivitäten wohl erst gegen 21 Uhr Zeit finden. Unter diesen Voraussetzungen werden der Sprachunterricht und der Besuch des Fitness-Studios eher illusorisch sein, wenn er regelmäßig auch noch acht Stunden schlafen will. Sinnvoll wäre es, die den Freunden und dem Geld zugeordneten Ziele zu überarbeiten. Vielleicht lässt sich in Absprache mit der Familie die gemeinsame Zeit anders organisieren. Und vielleicht reicht es auch, nur an vier Tagen in der Woche Überstunden zu machen, um die Eigentumswohnung zu realisieren.

Eine neue Koordination des Zeitplans hilft bei der Zielverwirklichung. Damit Sie weder kurz- noch langfristig über solche Prioritätskonflikte stolpern, ist es also sinnvoll, Ihre Zielsetzungen einer zeitlichen Überprüfung zu unterziehen. Gehen Sie dabei möglichst gewissenhaft vor, sonst könnte es Ihnen passieren, dass irgendwann Schwierigkeiten auftauchen und Sie keines der miteinander streitenden Ziele erreichen. Sie möchten in drei Jahren mit dem Hausbau beginnen, planen aber für das nächste Jahr eine luxuriöse Weltreise? Bei einem Monatseinkommen von 5000 DM ist es wohl offensichtlich, dass es hier Probleme geben wird. Wahrscheinlich ist es auch schwierig, gleichzeitig alle Zeit in die Karriere zu stecken und die Abende ganz der Familie zu widmen. Und nur wenige werden es wohl schaffen, in drei Jahren ein gut gehendes Steuerberatungsbüro aufgebaut zu haben, wenn sie parallel dazu das Studium nachholen wollen.

Es geht jetzt darum, genau die Ziele zu bestimmen, die bis zum Jahresende, nach einem Jahr und nach drei Jahren erreicht sein sollen, und akribisch zu hinterfragen, ob denn wirklich alle Voraussetzungen gegeben sind. Nehmen Sie dafür Ihr soeben erstelltes K-B-P und kennzeichnen Sie die Ziele entsprechend der Zeiträume. Wenn Sie sicher sind, weiche Ziele Sie innerhalb der drei Zeiteinheiten erreichen wollen und wenn Sie glauben, dann auch alle Voraussetzungen dafür zu haben, verändern Sie die Ziele so, dass Sie einen zeitlichen Ablauf wie in der folgenden Tabelle darstellen.

K-B-P						
	Köper		Beziehungen		Profession	
	Gesundheit	Bewusst-sein	Freunde	Net	Job	Geld
Nach 3 Jahren						
Nach 1 Jahr						
Jahres-ende						

Sollte es Ihnen trotzdem passieren, dass Sie in zeitliche oder inhaltliche Prioritätskonflikte geraten, dann überprüfen Sie zuerst das K daraufhin, ob unter Gesundheit und Bewusstsein sich inhaltlich oder zeitlich widersprechende Ziele formuliert sind. Das Gleiche tun Sie mit Freunde/Net und Job/Geld. Sind die dort aufgestellten Ziele miteinander stimmig, dann vergleichen Sie Körper, Beziehung und Profession untereinander.

Im folgenden Abschnitt werden Sie weitere Hinweise finden, wie Ziele und deren Prioritäten noch genauer zu bestimmen sind. Und möglicherweise ergibt sich daraus eine erneute Korrektur des K-B-P.

5. Meilensteine und Projekte

Anhand der Talentformel K-B-P haben Sie Ihre Vision entwickelt. Sie haben daraus Ziele abgeleitet und Prioritäten gesetzt. Nun betrachten Sie bitte den Punkt, an dem Sie jetzt stehen. Zu Anfang liegt ein Ziel noch in weiter Ferne. Es ist wie ein strahlendes Licht am Ende einer langen, dunklen Straße. Doch es kann passieren, dass wir plötzlich in einer kleinen Seitenstraße eine Laterne sehen, deren Licht uns wesentlich heller erscheint als das Licht am Ende der Straße. Wir weichen vom Weg ab, um zu ihm hinzugehen. Dann erscheint ein anderes Licht auf der linken Seite noch heller, und wieder wechseln wir die Richtung. Jedes Licht auf dem weiteren Weg empfinden wir als besonders anziehend, und irgendwann sind wir von dem ursprünglichen Ziel ganz abgekommen.

Das Gleiche passiert, wenn wir zwar das Ziel kennen, aber nicht wissen, was uns auf dem langen Weg dorthin begegnen wird. Wir werden überrascht von neuen Dingen, lassen uns oft von ihnen blenden und weichen immer mehr vom eigentlichen Ziel ab.

Wenn Sie von Ihrer Arbeitsstelle nach Hause fahren, haben Sie auf der Gesamtstrecke etliche Orientierungspunkte, die Ihnen sagen, wie weit Sie schon gefahren sind, wie weit Sie noch fahren müssen und in welcher Zeit Sie zu Hause sein werden. Vielleicht ist ein bestimmter Baum auf dem Heimweg für Sie der Hinweis, dass schon fünfzig Prozent der Strecke hinter Ihnen liegen. Für Ihre Heimfahrt haben Sie sich klare Meilensteine gesetzt, um Entfernung und Zeit abschätzen zu können. Und ein ganz bestimmtes Merkmal, vielleicht das grüne Gattertor auf der rechten Seite des Weges, lässt Sie einfach sagen: „Schön, ich bin zu Hause."

Auch Delphine in Aquarien erlernen das Springen Schritt für Schritt. Der Trainer legt ein Seil in das Bassin, und nur über dem Seil gibt es Futter. Das Seil wird Tag für Tag, Woche für Woche, Monat für Monat immer höher gelegt. Und der Delphin lernt, dass es Futter ausschließlich über der Leine gibt. Eines Tages liegt das Seil über dem Wasser und der Delphin weiß, er muss springen, um an das Futter zu kommen. Je höher das Seil gezogen wird, umso höher muss der Delphin springen. Das geht so weit, wie es den Fähigkeiten des Tieres entspricht.

Eine weite Autofahrt, vielleicht von Köln nach Salzburg, erscheint viel leichter zu bewältigen, wenn sie in kleinere Teilstücke unterteilt wird. Ihr erstes Ziel kann zum Beispiel Frankfurt sein. Dort angekommen, wird vielleicht München Ihr nächstes Ziel sein. Ihre Ziele werden so zeitlich und inhaltlich überschaubar. Jedes erreichte kleine Ziel können Sie als einen Erfolg verbuchen. Jeder Schritt auf Ihrem Weg zum Ziel wird Ihnen ein Gefühl der Zufriedenheit geben. Meilensteine sind überschaubare Zwischenziele. Und sie sind extrem wichtig, um sich nicht zu überfordern.

Machen Sie es mit Ihren Zielsetzungen ebenso wie bei der Autofahrt nach Salzburg oder dem täglichen Heimweg. Setzen Sie die Meilensteine in einem möglichst geringen Abstand, um jederzeit überprüfen zu können, wo Sie angekommen sind. Es ist schon etwas sehr Gutes, wenn Sie wissen, wo Sie in zwei Wochen angekommen sein wollen. Doch es ist um vieles besser, wenn Sie sich auf ein Zwischenziel konzentrieren und sich nicht ablenken lassen von Dingen, die nichts damit zu tun haben.

Auf dem Weg zum Ziel sind Projekte wie Meilensteine. Wenn eine Firma zum Beispiel das Ziel hat, auf einer Zeitschiene von zwei Jahren ihren Gewinn um dreißig Prozent zu erhöhen, werden sicherlich Strategien entwickelt, um dieses Ziel zu erreichen. Klar ist, dass eine Steigerung des Gewinns nur durch eine höhere Auftragslage zu erreichen ist. Nun werden sich weder Firmenleitung noch Führungskräfte hinsetzen und darauf warten, dass irgendetwas passiert, was sie dem Ziel näher bringt. Nein, sie werden tätig und entwickeln Projekte, die dem Ziel dienen. Ein Projekt könnte die Neukundenakquise sein, ein weiteres vielleicht die Teilnahme an Ausschreibungen.

Werden durch solche Projekte dann neue Interessenten gewonnen, ist der erste Erfolg auf dem Weg zum Ziel zu verzeichnen, die Motivation für das weitere Vorgehen ist gegeben. Der Gewinnung neuer Kunden folgen nun aber weitere Projekte: Aus den Interessenten sollen Kunden werden. Dafür müssen Berechnungen und Angebote erstellt werden - ein weiteres Projekt. Kommt es zum Geschäftsabschluss, beginnt als nächstes Projekt die Durchführung des Auftrags. Je nach Branche ist auch das wieder in unterschiedliche Projekte aufteilbar: Die Planung der Maschinenkapazitäten, die Absprache mit Zulieferern, die Personalorganisation, die Logistik und so weiter.

Wenn Sie erkannt haben, dass für Sie die Selbständigkeit das Richtige ist, ist das ein Ziel, das Sie vielleicht in drei Jahren realisiert haben wollen. Ihnen ist klar, dass dafür jede Menge Vorarbeiten - Projekte - zu leisten sind. Ein Projekt heißt: Rücklagenbildung. Ein zweites: Grundwissen der Buchhaltung. Das dritte: Fortbildung oder vielleicht auch das Bestehen von Prüfungen bei übergeordneten Gremien.

Jedes dieser drei Projekte ist in weitere kleine Projekte zu unterteilen. Für den Punkt „Rücklagenbildung" mag das bedeuten:

- Sie überprüfen Ihr Einkommen,
- Sie berechnen, was Sie monatlich einsparen können,
- Sie vereinbaren einen Gesprächstermin bei Ihrer Bank,
- Sie beschäftigen sich mit unterschiedlichen Anlageformen,
- Sie entscheiden sich für eine Anlageform, die Ihren monatlichen Rücklagemöglichkeiten die höchste Rendite verspricht.

Jetzt ist das Projekt Rücklagenbildung zumindest theoretisch abgeschlossen.

Jedes Projekt kann in kleine und kleinste Unterprojekte aufgeteilt werden. Letztlich kann ein Projekt so klein sein, dass es innerhalb eines Tages ausführbar ist. Was ist das für ein Gefühl, sich am Ende eines jeden Tages sagen zu können: „Super! Ich habe es geschafft. Ich bin auf dem Weg zu meinem Ziel einen weiteren Schritt vorwärts gegangen!“ Wer sich das jeden Abend mit Freude sagen kann, der braucht sich um seine Motivation und Begeisterung wirklich keine Gedanken zu machen. Aber er wird automatisch etwas anderes tun: Er wird sich nicht mehr mit dem zufrieden geben, was er auf der Zeitschiene geplant hat. Er wird mehr tun, und er wird sein Ziel früher als geplant erreichen.

Derjenige, der in seinem Leben das erreicht, was er haben will, gibt sich nicht damit zufrieden, nur das zu tun, was man von ihm verlangt oder was er von sich selbst verlangt. Er tut einfach mehr, weil er sich auch durch seine kleinsten Erfolge selbst motiviert - kurz: weil er mit Begeisterung bei der Sache ist.

Es ist eine schöne Sache, vor dem Schlafengehen noch einmal den Tag Revue passieren zu lassen. Überdenken Sie den Tag und fragen Sie sich, ob Ihre Handlungen zielorientiert waren. Es ist ein wunderbares Gefühl, abends das erreicht zu haben, was man sich morgens vorgenommen hat. Selbst die langweiligste Arbeit wird annehmbar, wenn Sie die feste Überzeugung in sich tragen, dass jedes Projekt, wie eintönig und anspruchslos es auch erscheint, Sie einen Schritt näher an die Dinge heranführt, die für Ihr Leben wichtig sind. Ein Mensch, der oberflächlich ist, der schlampig und nachlässig arbeitet und seine Dinge nicht zu Ende führt, wird abends auch keine Zufriedenheit spüren. Er wird dieses Gefühl niemals kennen lernen.

Wenn Sie jedoch entschlossen sind, mehr zu tun als das Durchschnittliche, dann fangen Sie heute damit an. Wenn Sie gebeten werden, einen Kilometer zu gehen, gehen Sie aus eigenem Willen zwei Kilometer! Wenn Sie jeden Tag mit leichter Hand ein Projekt vollenden, dann bringen Sie morgen doch gleich zwei zum Abschluss! Der Wille befähigt Sie zu großen Anstrengungen. Die Erfolge werden Sie stärken und wie eine Batterie Ihre Energie ständig neu aufladen.

Flexibilität

Sie haben sich durch Ihr K-B-P zum Schöpfer Ihrer Zukunft gemacht, und sind nicht länger Opfer einer Realität, von der Sie glaubten, dass es die Ihre ist. Und trotzdem kann es sein, dass nicht alle Ziele in der von Ihnen gewünschten Schnelligkeit erreicht werden. Was also tun, wenn etwas nicht so funktioniert, wie Sie es sich wünschen? Was tun, wenn Sie bis zum festgesetzten Zeitpunkt nur 80, 50 oder sogar nur 10 Prozent des Gewünschten umgesetzt haben? Freuen Sie sich! Freuen Sie sich darüber, dass Sie den Weg beschritten haben, dass Sie Mut hatten, etwas Neues zu wagen oder etwas zu verändern. Nehmen Sie sich einen weisen Satz der alten Griechen zu Herzen: „Wenn etwas nicht funktioniert, versuchen wir etwas anderes."

Denn natürlich sind die von Ihnen formulierten Ziele und Projekte flexibel. Zwar haben Sie jetzt, während der vergangenen Arbeitswochen, Ihre Situation bewertet und daraus für sich begeisternde Ziele abgeleitet. Aber auf der Zeitlinie der Zukunft gibt es täglich und stündlich neue Konstellationen und Informationen. Grund genug, die großen und die kleinen Ziele immer wieder neu zu bewerten und zu hinterfragen, notfalls neu zu definieren. K-B-P ist keine starre Formel, es ist gekennzeichnet durch seine Flexibilität.

Stellen Sie sich einmal vor, Ihre Vision sei ein wunderschöner, funkelnder Diamant im Zentrum eines großen Irrgartens. Und Sie sind nach langem Suchen in den Besitz eines Planes gekommen, anhand dessen Sie genau die Wege erkennen können, die zu dem Diamanten führen. Zielstrebig begeben Sie sich auf den offensichtlich kürzesten Weg. Aber je tiefer Sie in den Garten hineinkommen, umso mehr müssen Sie feststellen, dass der Plan wohl schon sehr alt ist. Er stimmt nicht mehr: Die Hecken sind nicht nur in die Höhe, sondern auch die in Breite gewachsen. Das macht den Weg zwar manchmal etwas mühsam, aber Sie kommen hindurch. Doch an einigen Stellen haben die Pflanzen neue, tiefe Wurzeln geschlagen, die den Weg versperren. Natürlich könnten Sie sie in langer, anstrengender Arbeit mit Ihren Händen aus dem Boden graben, würden Sie darauf beharren, den einmal eingeschlagenen Weg fortsetzen zu wollen. Aber: Würden Sie das wirklich tun? Würden Sie nicht eher einen anderen Weg versuchen? Auch zu Ihrer Vision führen mehrere Wege. Und die Ziele, die Sie einmal festgelegt haben, mögen sich im Laufe der Zeit ändern, zum einen bedingt durch äußere Umstände und zum anderen durch Ihre persönliche Weiterentwicklung.

Kurskorrekturen sind immer sinnvoll und notwendig. Aber möglich sind sie nur, wenn Sie ein System wie das K-B-P für sich entwickelt haben. Denn wenn Sie keine Vision, keine Ziel und keine Projekte haben, ist jeder Weg richtig. Und wenn jeder Weg richtig ist, kann er weder korrigiert, noch kann von ihm abgewichen werden, um eine geeignetere Richtung einzuschlagen.

Nun gibt es vier Möglichkeiten, die eintreten können, wenn Sie ein Ziel im Auge haben.

Die erste Möglichkeit:

Sie haben sich vorgenommen, zu einem vorher festlegten Zeitpunkt an einer bestimmten Stelle zu sein. Wenn genau das eintritt: Herzlichen Glückwunsch! Der Kurs stimmt, alles passt hervorragend.

Die zweite Möglichkeit:

Bei der Zielüberprüfung stellen Sie fest, dass Sie schon viel weiter sind als Sie eigentlich gedacht haben. Sie waren schneller. Einen besonders herzlichen Glückwunsch!

Die dritte Möglichkeit:

Sie steuern zwar noch in die richtige Richtung, liegen aber weit hinter Ihren Erwartungen zurück. Jetzt ist es wichtig, die Gründe dafür in Erfahrung zu bringen und zu überlegen, was zu tun ist, um weiter nach vorne zu kommen. Es ist ziemlich sinnlos, sich selbst zu kritisieren und Zeit zu verschwenden mit den Fragen, was alles hätte passieren müssen, um Ihre persönlichen Erwartungen zu erfüllen. Überlegen Sie besser, was Sie jetzt tun können, um weiterzukommen.

Die vierte Möglichkeit:

Sie sind vom Kurs abgewichen und finden sich irgendwo wieder. Geben Sie jetzt nicht auf, sondern denken Sie daran: Aus dem Misserfolg können Sie lernen. Überlegen Sie, wie Sie Ihre Richtung wiederfinden, und dann gehen Sie voll auf Kurs. Wenn Sie etwas erreichen wollen, gilt es einen Preis zu zahlen: Disziplin.

Eigentlich ist das Abweichen vom Kurs ein normales Geschehen. Egal, ob Sie mit dem Auto fahren, durch einen Wald wandern oder ein Schiff lenken, Sie werden niemals eine Strecke in gerader Linie bewerkstelligen können, sondern müssen unentwegt Ihren Kurs korrigieren. Wenn Sie das auf Ihre Lebensziele beziehen, ist es eigentlich normal, ein Ziel nicht wie geplant zu erreichen. Wichtig ist aber, dass Sie unterwegs ein Feedback über Ihren momentanen Standpunkt erhalten. Ihre Zwischenziele sind nicht nur Wegweiser, sie eignen sich auch bestens als Kontrollpunkte.

Wenn Sie vom Kurs abgekommen sind, korrigieren Sie ihn. Sollten Sie allerdings durch die Kursabweichung ein neues, viel wichtigeres Ziel erkennen, dann nehmen Sie diese Richtung auf. Doch machen Sie sich nichts vor: Wenn das ursprüngliche Ziel nach wie vor für Sie wichtig ist, sollten Sie es nicht aufgeben. Verlieren Sie nicht den Mut, sondern entdecken Sie einen neuen Weg, der Sie wieder auf den Kurs zum Ziel bringt.

Seien Sie kreativ bei der Suche nach Ihrem Weg! Denn schließlich ist es besser einen Plan zu haben, der korrigiert wird, als gar keinen Plan zu haben und einer Lebensweise zu frönen, die letztlich zur sanften Verblödung führt.

Und denken Sie immer daran: Es gibt in allen Lebensbereichen höchst selten 100 Prozent. Wenn Sie 79 Prozent von dem, was Sie erreichen wollen, erreicht haben, dann ist das ein wirklich tolles Ergebnis. Wenn Sie Ihren Zeitplan zu 79 Prozent einhalten konnten oder Ihre Zielsetzungen zu 79 Prozent erreichen konnten, ist auch das beachtlich. Die restlichen 21 Prozent sind die Herausforderung, die nach vorne treibt, die anspornt, die zu weiteren Veränderungen motiviert.

Sicher, wenn Sie wollen, können Sie die 21 Prozent auch negativ bewerten. Dann sind es der Mangel, das Defizit, das Unvermögen, die äußeren Widerstände, die Unfähigkeit anderer ... Sie können aber sicher sein, dass eine solche Bewertung der 21 Prozent Sie ganz bestimmt nicht motiviert, nicht begeistert, nicht beflügelt. Es hängt also von Ihnen ab, ob Sie 79/21 akzeptieren oder ob Sie daraus die Bilanz ziehen, dass sich Anstrengungen nicht lohnen.

6. Ressourcen freisetzen

Sie kennen Ihre Ziele für die nächsten Jahre. Sie haben Prioritäten gesetzt und Projekte daraus entwickelt. Sie sind überzeugt, alle nötigen Voraussetzungen zu haben, Sie wissen sogar, was es Sie kosten wird, diese Ziele nicht zu erreichen. Trotz allem kann es noch etwas geben, was Sie nicht weiterkommen lässt. Selbst wenn Sie schon auf dem Weg sind, kann es Ihnen zwischendurch passieren, dass unerwartete Hindernisse auftauchen, die Ihnen die Sicherheit rauben.

Hindernisse können alles Mögliche sein: mangelnde Disziplin, fehlendes Selbstvertrauen, vielleicht Unsicherheit bei wirtschaftlichen Entscheidungen. Und dann diese unangenehmen Stimmen, die Ihnen häufig so quälende Gedanken soufflieren: „Ich bin zu klein, zu dick, zu hässlich! Ich kann das nicht! Das geht nicht, weil ich das und jenes nicht gelernt habe!" Kennen Sie all diese destruktiven Für und Wider?

Denken Sie daran: Gegen jedes Übel ist ein Kraut gewachsen. Wenn Sie wissen, was Sie zurückhält, wissen Sie auch, woran Sie arbeiten müssen, um das Ziel anzugehen. Schreiben Sie zuerst einmal auf, was Sie in der monentanen Sicht daran hindern könnte, Ihre Ziele zu erreichen. Schreiben Sie ganz links Ihr Ziel, rechts daneben die Hindernisse und ganz rechts das, was Sie dagegen tun können.

Ziel	Hindernisse	Maßnahmen

Diabolo

Jetzt folgt jetzt ein interessanter Test, mit dem Sie noch bestehende Hindernisse oder Beschränkungen analysieren und Wege zu deren Beseitigung finden können. Sie brauchen dazu allerdings einen anderen Menschen, jemanden, dem Sie wirklich vertrauen. Denn wenn die Beziehung zwischen Ihnen und dem Mitspieler nicht stimmt, kann das leicht zu Verletzungen führen.

Nehmen wir einmal an, Sie möchten sich innerhalb des nächsten Jahres selbständig machen. Sie glauben aber, dass Ihnen die mangelnde Disziplin im Wege steht. Nennen Sie Ihrem Partner das Ziel und das Hindernis, das Sie von der Verwirklichung abhält. Und dann kann's schon losgehen: „Ich werde mich im nächsten Jahr selbständig machen." „Das schaffst du doch sowieso nicht, bei deiner mangelnden Disziplin." „Natürlich werde ich es schaffen. Ich werde mir einen genauen Plan aufstellen, was ich zu tun habe." „Das nützt bei dir auch nichts. Denn was du dir für einen Tag vorgenommen hast, wirst du dann auf irgendwann verschieben." „Ich kann den Plan doch dort aufhängen, wo ich ihn immer vor Augen habe, damit ich an mein Vorhaben erinnert werde." „Das ist doch Blödsinn. Wenn du dich dann umdrehst, bist du mit deinen Gedanken schon wieder woanders." Und, und, und...

Ihr Mitspieler macht Ihnen einfach alles mies. Mit Ihren Antworten können Sie aber Wege finden und sich selbst davon überzeugen, dass es Möglichkeiten gibt, das Hindernis zu beseitigen. Natürlich hat dieser Test auch dann einen Sinn, wenn Sie schon auf dem Weg zum Ziel sind, aber an irgendeiner Stelle nicht mehr weiterkommen.

Powervolles Denken

Die Vision eines zwölfjährigen jungen war, ein berühmter Pianist zu werden. Seine Eltern lachten ihn aus und meinten: „Das kannst du doch gar nicht." Der Junge ließ aber nicht locker, und nach einigen Monaten hatte er seine Eltern davon überzeugt, dass es ihm ernst war. Die Mutter suchte nun also einen erstklassigen Lehrer, und als der gefunden war, stand auch schon bald die erste Klavierstunde an. Der Lehrer besah sich sehr ernsthaft die Hände des jungen und meinte dann: „Es hat keinen Zweck, du wirst niemals das Klavierspielen lernen. Deine Hände sind viel zu klein." Natürlich hätte der Junge auch später noch viele Möglichkeiten gehabt, einen neuen Schritt hin zu seiner Vision zu wagen. Aber jedes Mal, wenn er nur daran dachte, sagte ihm eine leise, innere Stimme: „Das kannst du nicht." Die Angst, zu versagen, hinderte ihn daran, es einfach einmal zu versuchen. Irgendwann blickte er nur noch betrübt auf seine in weiter Ferne liegende Vision. Und die Mauer der hinderlichen Gedanken machte ihm selbst den ersten Schritt unmöglich.

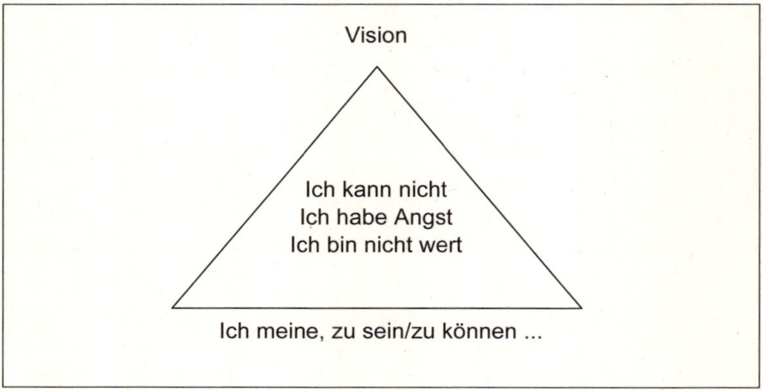

Wenn auch Sie sich durch solches Denken an der Umsetzung mancher Ziele gehindert fühlen, nutzen Sie die Kraft des negativen Denkens. Ja, Sie haben richtig gelesen. Zwar spricht alle Welt von der Kraft des positiven Denkens. Aber unter bestimmten Voraussetzungen kann auch negatives Denken eine große Kraft verleihen. Und dass Möglichkeiten und Chancen auch in Schwächen liegen, haben Sie ja schon bei einer der Prüfungen feststellen können.

Wenn Sie es ausprobieren möchten, brauchen Sie einen „Mitspieler". Sie versetzen sich in eine Stimmung voller Kraft, Spaß und Enthusiasmus. Denken Sie an etwas Schönes, was Ihnen große Energie verleiht. Und aus dieser Stimmung heraus erzählen Sie, dass Sie Ihre Ziele ja doch nie erreichen werden. Nennen Sie dem Mitspieler alle Gründe, die das unmöglich machen. Wichtig ist, dass Sie währenddessen in dem kraftvollen Zustand bleiben. Verbinden Sie die Hindernisse für Ihren Erfolg mit Humor und Spaß. Wenn dann tatsächlich eine dieser Schwierigkeiten auftaucht, werden Sie sich an diese Übung und an das damit verbundene positive Gefühl erinnern. Das Hindernis verliert seinen Schrecken, es kann Sie nicht entmutigen. Sie behalten weiterhin die Verwirklichung des Ziels im Auge.

Ist der Tank voll genug?

Ziele konsequent zu verfolgen, kostet eine Menge Kraft und Energie. Sicherlich erhalten Sie schon durch die Vorfreude und die Begeisterung für die Sache viel Antrieb. Aber trotz allem kann es passieren, dass Sie in Situationen geraten, in denen Sie sich abgekämpft und mutlos fühlen. Zudem konfrontiert das Leben Sie vielleicht noch zusätzlich mit unangenehmen Ereignissen, die nichts mit Ihrem Weg zu tun haben, die Sie aber trotzdem bewältigen müssen. Dann brauchen Sie einfach etwas, um das Energie-Reservoir wieder aufzufüllen.

Kaufen Sie sich ein kleines Notizbuch, und beschreiben Sie darin die vorhandenen Voraussetzungen für Ihre Ziele, die Sie in einem Jahr verwirklichen möchten. Welches fachliche Können steht Ihnen zur Verfügung? Welche Fähigkeiten haben Sie, die Sie für die Verwirklichung einsetzen können? Wie viel Zeit brauchen Sie dafür, und wie viel Disziplin ist notwendig? Welche Möglichkeiten können Sie nutzen, um es zu erreichen? Überzeugen Sie sich davon, dass alle Voraussetzungen vorhanden sind, um das Ziel tatsächlich in einem Jahr zu realisieren. Verwahren Sie das Büchlein als Überzeugungshilfe. Wenn Sie irgendwann einmal nicht mehr weiter wissen, finden Sie hier vielleicht Aufzeichnungen, die Ihnen wieder neue Kraft geben.

Erinnern Sie sich doch einmal an all die Menschen, die das erreicht haben, was auch für Sie wichtig ist. Lernen Sie von diesen Menschen, was Sie für Ihre Zielerreichung brauchen. Schreiben Sie ihre Namen auf und setzen Sie hinzu, welche Qualitäten und Verhaltensweisen diese Menschen in Ihren Augen erfolgreich machen. Welche wesentlichen Ideen würden sie Ihnen mit auf den Weg geben? Wie würden sie an Ihrer Stelle handeln? In einer besonders schwierigen Situation laden Sie ruhig mal all diese Ratgeber gedanklich zu sich ein. Irgendeiner wird Ihnen bestimmt weiterhelfen können. Nutzen Sie ihr Wissen und ihre Erfahrungen. Denn warum sollten Sie das nicht schaffen, was vor Ihnen andere auch schon geschafft haben?

Visualisieren - der Erfolgsverstärker

Bei den Prüfungen haben Sie mehrfach mit der Kraft Ihrer bildlich Vorstellung unter Beteiligung aller Sinne gearbeitet. Dieses Visualisieren ist ein Instrument par excellence, um eine Vision so sehr mit Leben zu erfüllen, dass Sie immer wieder neue Kraft für die Umsetzung der Ziele gewinnen.

„Ein Bild sagt mehr als tausend Worte." Recht hat der Volksmund. Unser Gehirn braucht Bilder, um richtig arbeiten zu können. Und Sie sind der Magier, der diese Bilder formt und sie kraft seiner Vorstellung beseelt, damit sie ins Leben eingehen können.

Lassen Sie uns deutlicher machen, was wir meinen:

Wenn Sie zu Ihrem Nachbarn gehen und ihn bitten, Ihnen seinen Gaschla zu leihen, wird er wahrscheinlich dumm aus der Wäsche gucken und lange überlegen müssen, was Sie meinen. Er hat kein Bild von einem Gaschla im Kopf. Bitten Sie ihn dagegen, Ihnen den Gartenschlauch zu leihen, weiß er sofort, was Sie meinen. Unser Gehirn muss zu allem, was es verstehen will, ein Bild haben.

„Nach einem mathematischen Theorem muss jede Theorie, die der Quantenmechanik und der Relativität gehorcht, immer auch der kombinierten Symmetrie CPT gehorchen." Wer gehorcht hier wem? Wenn Sie sich nicht gerade mit Physik beschäftigen, können Sie sich wohl kaum vorstellen, was gemeint ist. Das Wort „vorstellen" weist darauf hin, warum Sie diesen Satz nicht verstehen. Ihnen fehlt ein Bild. Und unserem Gehirn ist es am liebsten, ein möglichst genaues Bild zu bekommen, um sich etwas wirklich vorstellen zu können. Bilder lösen Gefühle aus, die Seele denkt in Bildern.

Aus der Gehirnforschung liegen Untersuchungen vor, dass gedanklich vorweggenommene Ereignisse bei intensiver bildlicher Vorstellung sich ebenso nachhaltig einprägen wie wirkliche Geschehnisse. Dem Gehirn ist es nämlich völlig schnuppe, ob ein Bild aus der Vergangenheit, der Gegenwart oder der Zukunft stammt. Es kann zwischen Erlebtem und Vorgestelltem nicht unterscheiden. Jedes Bild wird Bestandteil des geistigen Inventars. Und das können Sie sich zunutze machen. Denn das, was schon in der Erinnerung ist, braucht nur noch ausgeführt zu werden. Sie können ein einzelnes Bild sehen oder mehrere aneinander gereiht, Sie können eine ganzen Film drehen, aber eins müssen Sie immer tun: Stellen Sie sich in den Mittelpunkt des Geschehens. Und noch eins: Lassen Sie alle Sinne beteiligt sein. Es gibt viel zu sehen, hören, riechen, schmecken, tasten.

Wahrscheinlich gibt es Menschen, die jetzt behaupten, keine Bilder sehen zu können. Irrtum! Bewusstes Visualisierung kann gelernt werden. Schauen Sie sich jetzt kurze Zeit irgendeinen Gegenstand an, dann schließen Sie die Augen und wiederholen innerlich das gerade Gesehene. Vielleicht fehlt noch ein wenig Farbe, aber wir sind sicher, es klappt. Manche Menschen haben Schwierigkeiten, das eigene Gesicht zu visualisieren. Schauen Sie sich morgens und abends eine halbe Minute im Spiegel an - übrigens eine gute Gelegenheit, um sich selbst einmal anzulächeln -, und während des Zähneputzens schließen Sie die Augen und wiederholen das Bild des Spiegels. Wenn es dann mit dem Bild klappt, holen Sie nach und nach Farben, Geräusche, Gerüche, Gefühle und Geschmack ins Bild.

Auch beim Visualisieren macht Übung den Meister. Versuchen Sie jetzt einmal, sich etwas vorzustellen, was es nur in Ihrer Fantasie gibt. Schließen Sie noch einmal die Augen, und stellen Sie sich vor, wo Sie leben wollen und wie Sie dort leben wollen. Machen Sie sich in Ihrer Vorstellung ein möglichst lebhaftes Bild, und sehen Sie sich mittendrin. Dann nehmen Sie sich einen Bogen Papier und schreiben auf, was Sie gesehen haben. Gehen Sie in alle Einzelheiten, schildern Sie die Anordnung von Gegenständen, die Einrichtung von Räumen, beschreiben Sie Farben, Geräusche, Gerüche, wie Sie aussahen und das, was Sie getan haben. Gehen Sie auf die Gefühle ein, die Sie bei Ihrer Vorstellung hatten. Das gleiche können Sie natürlich mit jeder Situation tun. Wie wär's denn mit der Vorstellung von einem idealen Tag? Mit wem verbringen Sie diesen Tag? Wo befinden Sie sich? Wie beginnen Sie den Tag und was tun Sie danach? Schreiben Sie jedes Detail auf, und beteiligen Sie auch hier wieder alle Sinne daran.

Gedanken sind Baumeister unseres Schicksals. Denken Sie an Ihre Vision, und stellen Sie sich vor, wie es ist, wenn Sie sie erreicht haben. Wie sieht das aus? Machen Sie sich in Ihrer Fantasie ein exaktes Bild davon und schreiben Sie es anschließend auf.

Ihre Vision ist es, Besitzer eines Buchladens zu sein? Okay, schließen Sie die Augen, und die Reise in die Zukunft kann beginnen. Wie ist Ihr Geschäft eingerichtet, wie viele Räume gibt es, wie sind die Räume miteinander verbunden, welche Bücher stehen in den Regalen? Gehen Sie hin und lesen Sie die Titel. Vielleicht liegt ein ganz bestimmter Geruch in den Räumen. Hören Sie die leisen Gespräche Ihrer Kunden. Gibt es Musik? Haben Sie Mitarbeiter? Was tun die gerade? Wie sehen Sie sich selbst? Stellen Sie sich Ihr Gesicht vor, Ihre Kleidung, was Sie gerade tun. Versuchen Sie, den Bildern Farben zu geben. Wie haben Sie das Geschäft dekoriert? Fühlen Sie über die Bücher, die Regale. Ist es Holz oder Glas? Fühlt es sich warm oder kühl an? Malen Sie sich die entsprechenden Bilder in den kräftigsten Farben aus.

Welche Gefühle haben Sie bei Ihrer Vorstellung Ihrer Vision? Sind Sie stolz, glücklich, selbstsicher oder energievoll? Wenn Sie eher Unsicherheit, Mutlosigkeit oder sogar etwas Angst spüren, überlegen Sie, wodurch diese Gefühle entstehen und ob Sie sich Ziele gesetzt haben, die Sie aus dem Weg räumen können. Wenn Sie Ihre Vision visualisieren, müssen die Gefühle stimmen.

Ihnen ist sicher klar, dass diese Übung mehrfach durchgeführt werden muss. Sie kennen den Effekt aus der Werbung: Erst durch Wiederholung prägt sie sich ein, und natürlich können Sie jedes Ziel, das Sie in Ihrem K-B-P definiert haben, ebenfalls visualisieren. Dann merken Sie auf Grund Ihrer Gefühle sofort, ob sie stimmig sind oder noch einer Verbesserung bedürfen.

7. Handeln

Wahrscheinlich kennen Sie das: Sie haben sich fest vorgenommen, ein wichtiges Vorhaben zu erledigen. Und dann kommen die vielen alltäglichen Aufgaben und die kleinen Ablenkungen, und nach ein paar Tagen fällt Ihnen auf, dass Sie Ihr Vorhaben immer noch nicht angegangen sind. Sie haben es regelrecht vergessen - obwohl es Ihnen doch so wichtig erschien.

Mit den festgelegten Zielen wird es Ihnen vielleicht ähnlich ergehen. Sie sind sich absolut sicher, dass Sie Ihre Ziele mit Elan anstreben werden. Denn schließlich versprechen sie eine begeisternde Zukunft! Dann haben Sie das Buch zu Ende gelesen, legen es zur Seite und gönnen sich erst einmal ein paar Tage Verschnaufpause. Und nach einer Woche oder nach einem Monat fällt Ihnen auf, dass Sie noch nicht einmal den klitzekleinsten Schritt in Richtung eines Ihrer Ziele getan haben.

Ziele einmal festgelegt zu haben, reicht nicht aus. So werden Sie Ihren Visionen niemals näher kommen. Ziele müssen stetig erinnert werden, nicht nur im Denken, sondern auch im Tun. Die vielen kleinen Zwischenziele, die Sie als Meilensteine auf dem Weg zu Ihrem Ziel festgelegt haben, wollen nach und nach erledigt werden, sonst wird die Entfernung zwischen spät und zu spät immer kürzer. Aber wenn Sie täglich etwas tun, das die Visionen näher rücken lässt, wird die Entfernung immer größer. Selbst wenn es jetzt schon spät zu sein scheint.

Was würden Sie wohl einem Sportler sagen, der Ihnen erzählt, sein Ziel sei es, innerhalb des nächsten halben Jahres eine neue Bestmarke zu erreichen, und er sei sicher, dieses Ziel zu erreichen. Doch dann legt er sich auf die faule Haut und tut einfach nichts. Ihnen ist wohl klar, dass er sein Ziel so nur verfehlen kann. Jeder Sportler, der höher springen, weiter werfen, schneller laufen will, weiß, dass er etwas dafür tun muss, dass er jeden Tag erneut sein Ziel im Auge haben und sich anstrengen muss. Jeder halbe Zentimeter höher oder weiter, jede Zehntelsekunde schneller ist ein Triumph und spornt an zu weiteren Anstrengungen.

Mit Ihren Zielen verhält es sich ebenso. Sie müssen Ihren K-B-P-Zielen täglich den Boden für eine reale Zukunft bereiten. Und sind die Ziele einmal wie ein Brandzeichen in Ihrem Gehirn verankert (stellen Sie sich das ruhig plastisch vor!), dann können Sie in - fast - jedem Moment Ihres Lebens auch die sich bietenden, alternativen Möglichkeiten daraufhin prüfen, inwieweit Sie Ihre Ziele unterstützen und Ihnen ein vergnügtes, faszinierendes Leben bieten.

Aber: Wiederholung ist die Mutter aller Fähigkeiten. Und nur wenn Sie täglich - wie der Sportler - Ihren Zielen dienende Handlungen unternehmen, nur dann können Sie sicher sein, dort anzukommen, wo Sie hinwollen.

Verstärkungen

Unterstützende Möglichkeiten, seine Ziele immer mehr in das tägliche Denken und Tun zu integrieren, sind die „Verstärkungen". So simpel und banal sie auch erscheinen mögen, sie dringen tief in das Unterbewusste, und, dort einmal verankert, haben sie Auswirkungen auf unsere Gedanken und unsere Handlungen.

Die Verstärkungen wirken besonders nachhaltig, wenn Sie Elemente beinhalten, die unsere Sinne ansprechen. Jeder Mensch hat unterschiedlich stark ausgeprägt Sinneskanäle. Der eine reagiert auf einen visuellen Reiz, ein anderer auf auditive Wahrnehmungen, für den dritten ist das Kinästhetische, das Fühlen und Tasten, sehr wichtig, der vierte wird angesprochen über den Geschmacks-, und wieder ein anderer über den Geruchssinn.

Gestalten Sie die Verstärkungs-Übungen, die wir Ihnen gleich vorstellen möchte, so, dass möglichst viele Sinneskanäle miteinbezogen werden. Legen Sie Ihre Lieblingsmusik auf, nehmen Sie einen Gegenstand in die Hand, der sich besonders angenehm anfühlt, lassen Sie den Wohlgeruch eines Duftöls oder Parfüms durch die Wohnung ziehen, stellen Sie einen wunderschönen Blumenstrauß an den Platz, an dem Sie die Verstärkung durchführen wollen. Sollten Sie den Geschmackssinn bevorzugen, dann können Sie beispielsweise zu Beginn einen aromatischen Tee trinken.

Die erste Verstärkung

Machen Sie K-B-P zu Ihrer geheimen Zauberformel, die Sie von nun an ständig begleitet und an Ihre Ziele erinnert.

Die erste Verstärkung ist ein einmaliger Vorgang. Schaffen Sie sich einen stimmungsvollen Rahmen, und auf kleine Kärtchen schreiben Sie die Formel „K-B-P“. Statt „K-B-P“ können Sie natürlich auch ein Wort, Ihren Namen oder ein Symbol nehmen. Wichtig ist, dass Sie die Formel, das Wort oder Symbol mit den in Ihrem K-B-P definierten Zielen verbinden können.

Dann hängen Sie diese Kärtchen überall dort auf, wo Sie sich häufig aufhalten, und zwar so, dass Sie so oft wie möglich in Ihren Blick geraten: am Spiegel im Badezimmer, gegenüber Ihrem Frühstücksplatz, an das Armaturenbrett Ihres Wagens, am Arbeitsplatz, im Wohnzimmer, im Schlafzimmer...

Auch wenn Sie diese Kärtchen nach kurzer Zeit nicht mehr bewusst wahrnehmen, Sie können sicher sein, dass Ihr Unterbewusstes sie viel aufmerksamer wahrnimmt als Ihr Bewusstsein.

Die zweite Verstärkung

Bauen Sie sich Ihre K-B-P-Welt: Mit kleinen Gegenständen, die Sie als Symbole für Ihre Ziele und Visionen ausgewählt haben, errichten

Sie sich ein innerhalb Ihrer Wohnung ein plastisches Bild Ihrer Zukunft. Nehmen Sie sich jeden Tag zehn Minuten Zeit, schauen Sie auf die Gegenstände und benutzen Sie dabei Ihre Sinnes-Anker. In dieser fast meditativen Stimmung lassen Sie all die angenehmen Gefühle aufsteigen, die mit der Zielerreichung verbunden sind. Sollten Sie in schwierigen Situationen nicht mehr so recht an die Verwirklichung der Ziele glauben, können Ihnen bei dieser Verstärkung ganz neue Ideen kommen.

Die dritte Verstärkung

Hier geht es darum, zu jeder Zeit und in jeder Situation ein kleine, für andere nicht wahrnehmbare Verstärkung durchzuführen, die sofort an Ihr K-B-P erinnert. Sollten Sie also einmal in der Lage sein, sich zwischen mehreren Erledigungen entscheiden zu müssen, dann ist die „Drei-Finger-Technik" äußerst effektiv. Sie brauchen dafür nicht mehr als das, was Sie immer bei sich haben: eine Ihrer beiden Hände.

Doch bis es funktioniert, bedarf es einiger Vorbereitung: Mindestens eine Woche lang nehmen Sie sich täglich fünf Minuten Zeit, in denen Sie sich von nichts und niemanden stören lassen. Schließen Sie die Augen und zählen Sie langsam und konzentriert von zehn bis eins zurück. Dann legen Sie Daumen, Zeige- und Mittelfinger einer Hand aneinander und sprechen leise vor sich hin: „Immer wenn ich die drei Finger dieser Hand aneinanderlege, erinnert mich mein Unterbewusstes an mein K-B-P, und ich werde das für mich Richtige tun." Wiederholen Sie diesen Satz mehrere Male.

Allerdings sollten Sie sich auch zwischendurch so oft wie möglich die fünf Minuten Zeit nehmen, um die „Drei-Finger-Technik" noch stärker in Ihr Unbewusstes eindringen zu lassen.

Die vierte Verstärkung

In den frühen Stunden eines jeden Sonntag arbeiten Sie Ihr K-B-P inhaltlich durch. Schaffen Sie sich dafür eine angenehme Atmosphäre, in der Sie natürlich wieder ihre Sinnes-Anker nutzen. Nutzen Sie die Erfahrungen und Erkenntnisse aus der vergangenen Woche, um Ihr K-B-P immer weiter zu verbessern und zu konkretisieren.

Die fünfte Verstärkung

Es ist eine Sache, Ziele und Visionen mit den vorherigen Verstärkungen sozusagen im stillen Kämmerlein zu stützen. Eine andere ist es, sie jemandem mitzuteilen und eine zusätzliche Verstärkung durch sein wiederholtes Nachfragen nach Ihren Erfolgen zu erfahren. Sicherlich können Sie so nebenbei erwähnen, dass Sie in einem Jahr dieses, nach einem weiteren Jahr jenes geschafft haben werden. Nur: Das wird nicht viel nützen. Es wird nur kurz in der Erinnerung des anderen bleiben. Wenn Sie ihm hingegen mit einem ernsthaften Versprechen Ihr Wort darauf geben, dann sind Sie in die Pflicht genommen.

Es ist eine Stärke, das einem. anderen Menschen gegebene Versprechen einzuhalten, und Sie brauchen Energie, um die richtigen Schritte zur Erfüllung des Versprechens zu tun. Aber gleichzeitig haben Sie damit auch einen Motor in Gang gesetzt, der Sie antreibt, das Ziel zu erreichen. Und eines ist sicher: Haben Sie einem Menschen Ihr Wort gegeben, wird er Sie immer wieder daran erinnern, bis Sie Ihr Versprechen eingelöst haben. Und damit schlagen Sie zwei Fliegen mit einer Klappe: Erstens sind Sie nicht nur auf die Selbsterinnerung angewiesen, und zweitens werden Sie bei jeder Nachfrage überprüfen, wie weit Sie Ihrem Ziel entgegengegangen sind.

Tun Sie das, wovon Sie sich am stärksten in die Verpflichtung genommen fühlen. Die hier vorgestellten Möglichkeiten sind nicht obligatorisch, sie wollen Ihnen nur einige Ideen liefern.

- Geben Sie Ihrem Lebenspartner das Wort, ein genau definiertes Ziel bis zu einem bestimmten Zeitpunkt erreicht zu haben.
- Schreiben Sie Ihrem besten Freund oder Ihrer besten Freundin einen Brief, in dem Sie genauestens das Ziel und den Weg dorthin beschreiben.
- Sprechen Sie mit anderen Menschen über Ihre Absichten. Mit Sicherheit werden Sie wiederholt gefragt, wie weit Sie Ihr Vorhaben schon umgesetzt haben.
- Suchen Sie sich einen vertrauenswürdigen Paten, dem Sie in einem Brief die drei wichtigsten Ziele mitteilen und ihm erklären, warum es für Sie so wichtig ist, diese Ziele zu erreichen. Schreiben Sie ihm, welchen Nutzen diese Ziele haben, was es kosten wird, sie zu erreichen, und was es kosten wird, sie nicht zu erreichen.

Die sechste Verstärkung

Es ist sicherlich eine große Hilfe, einem anderen Menschen sein Wort zu geben. Ein Vertrag mit sich selbst, besiegelt durch die eigene Unterschrift, ist um vieles effektiver - vorausgesetzt natürlich, Sie sind jemand, der sich selbst ernst nimmt. Wie Sie sich zu Beginn des Buches für ein Jahr vertraglich verpflichtet haben, die Arbeit mit den Prüfungen durchzuführen, so schließen Sie jetzt erneut einen Vertrag mit sich selbst.

Vertrag mit mir selbst

<table><tr><td>
Jeden Morgen kurz nach dem Aufwachen und jeden Abend direkt vor dem Einschlafen stelle ich mir mein K-B-P in Wort und Bild vor.

Mit geschlossenen Augen stelle ich mir zuerst das K mit allen Unterpunkten vor, dann das B und anschließend das P Im Anschluss daran visualisiere ich das gesamte K-B-P.

Worte und Gedanken zu meinen Zielen setze ich in lebendige Bilder um. Ich nehme diese Bildwelt mit allen Sinnen wahr und verbinde sie mit freudigen, positiven Gefühlen.

Diese Verstärkung führe ich zweimal an jedem Tag aus: jeden Morgen und jeden Abend!

Datum:

Unterschrift:
</td></tr></table>

Diese Verstärkung sollten Sie wirklich morgens und abends und nicht irgendwann im Laufe des Tages durchführen. Denn kurz vor dem Einschlafen und nach dem Aufwachen sind Sie in einer entspannten Wahrnehmungsphase, in der es wesentlich leichter gelingt, sich etwas intensiv einzuprägen, als es tagsüber in der Wachphase möglich ist.

In der ersten Zeit wird es Ihnen eine Hilfe sein, das K-B-P griffbereit neben dem Bett zu haben, damit Sie es sich ansehen können, bevor Sie mit der inneren Vorstellung beginnen. Sie können das K-B-P auch auf ein großes Blatt Papier übertragen und an die Decke über dem Bett heften, um es bequem betrachten zu können. Wenn Sie die Möglichkeit haben, eine Kassette mit Ihrem K-B-P zu besprechen, dann tun Sie es! Sagen Sie sich in klaren Sätzen, welche Ziele Sie sich in jedem der Bereiche gesetzt haben. Denken Sie bitte daran: Formulieren Sie die Sätze möglichst konkret und in der Gegenwart.

Übrigens, wenn Sie nachts aufwachen, ist dieses Ritual viel angenehmer als das „Schäfchenzählen". Also ärgern Sie sich nicht, wenn aus irgendeinem Grund Ihre Nachtruhe gestört wird, sondern nutzen Sie die Zeit, um Ihr K-B-P noch stärker zu festigen. Das hat zusätzlich den angenehmen Nebeneffekt, daß die oft sorgenvollen Gedanken, die zu dieser Zeit so gerne in unseren Kopf kommen, durch positive Gedanken ersetzt werden und die weitere Nachtruhe um einiges erholsamer gestalten.

Nun kann es ja morgens oder abends Situationen geben, in denen es schwerlich möglich ist, Ihr Versprechen an sich selbst einzulösen: Sie haben verschlafen und müssen das Flugzeug erwischen, oder Sie sind übermüdet zu Bett gegangen und schlicht und einfach sanft entschlafen, bevor Sie diese Verstärkung durchführen konnten. Es ist sicher kein Beinbruch, wenn das einmal oder auch zweimal passiert. Leider ist der Mensch nur zu gern vergesslich ... Und am Monatsende glauben Sie, den Vertrag mit sich selbst nur das eine Mal gebrochen zu haben, als Sie von der Geburtstagsfeier Ihres Bruders kamen.

Die siebte Verstärkung

Mit dem folgenden Chart möchten wir Ihnen eine Kontrollmöglichkeit an die Hand zu geben, damit es Ihnen leichter fällt, zu Ihrem Wort zu stehen. Mit diesem „Kalender" können Sie ein Jahr lang am Ende eines jeden Monats nachprüfen, wie oft Sie die sechste Verstärkung tatsächlich durchgeführt haben.

Kopieren Sie die folgende Seite und legen Sie das Blatt zu dem mit Ihrem K-B-P.

	J		F		M		A		M		J		J		A		S		O		N		D	
1																								
2																								
3																								
4																								
5																								
6																								
7																								
8																								
9																								
10																								
11																								
12																								
13																								
14																								
15																								
16																								
17																								
18																								
19																								
20																								
21																								
22																								
23																								
24																								
25																								
26																								
27																								
28																								
29																								
30																								
31																								

Die eingezeichneten Kästchen füllen Sie entsprechend aus:

Beide Kästchen sind rot:
■ ■ Sie haben die Verstärkung morgens und abends durchgeführt.

Nur ein Kästchen ist rot:
■ □ Sie haben die Verstärkung entweder nur morgens oder nur abends durchgeführt.

Die Kästchen sind weiß:
□ □ Sie haben nichts getan, Ihr Wort gebrochen, sind faul gewesen und haben ein furchtbar schlechtes Gewissen (oder?).

Und zum Schluss: Noch einmal Collagen!

Wahrscheinlich haben Sie die vor den Prüfungen und am Ende eines Zyklus veränderten oder neu erstellten Collagen aufbewahrt. Von ihnen dürfen Sie sich nun getrost verabschieden. Denn jetzt, nachdem Sie Ihr K-B-P erarbeitet, korrigiert und visualisiert haben, hat sich wohl Etliches geändert.

Besorgen Sie sich also noch einmal Zeitungen, Kataloge, Prospekte und Illustrierte mit vielen, möglichst bunten Abbildungen, eine Schere, Klebstoff und drei Bogen festes Papier in der Größe DIN-A3. Und während Ihre Lieblingsmusik läuft, geben Sie Ihren drei neuen wichtigsten Zielen Gestalt durch die bunten Bilder aus Ihrem Zeitungsmaterial. Diesen Bildern sollten Sie einen Ehrenplatz zuweisen, sie auf jeden Fall aber dort platzieren, wo sie gut zu sehen sind. Dann werden Sie sofort an Ihre Ziele und Visionen denken. Schließlich wäre es doch jammerschade, die erweckten Talente wieder in den Schlaf sinken zu lassen und sich selbst den Genuss eines Lebens voller Faszination zu versagen.

Epilog

Am Ende des Buches führen Sie wie zu Beginn noch einmal einen inneren Dialog mit sich selbst. Und auch jetzt sollten Sie sich dabei selbst ins Gesicht schauen. Sicherlich können Sie sich eine Zeitlang vor den Spiegel stellen, ein brandneues Polaroidfoto ist aber um einiges hilfreicher, zumal es Ihnen die bessere Möglichkeit bietet, sich wirklich wie einen fremden Menschen zu betrachten.

Bitten Sie also einen hilfsbereiten Menschen, Sie mit der Sofortbildkamera zu fotografieren, und dieses Foto kleben Sie hier ein.

Ist das ein zufriedener Mensch, der Ihnen da entgegenblickt? Ist es ein Mensch, der seine Talente kennt, der seine Ziele umsetzt, um seinen Visionen näher zu kommen? Ist es ein Mensch, der fasziniert ist von seinem Leben? Oder entdecken Sie etwas an ihm, was nicht mit ihm übereinzustimmen scheint? Versuchen Sie, diesen Menschen anhand der Fotografie kennen zu lernen.

Sie haben es in der Hand!

Der alte, weise Yogi Mah-Vehir war dafür bekannt, auf jede Frage die richtige Antwort zu wissen. Zwei seiner jungen Schüler wollten ihn auf die Probe stellen und überlegten sich eine Frage, von der sie glaubten, dass er sie auf jeden Fall falsch beantworten würde.

Sie dachten sich Folgendes aus: Einer von ihnen hält einen lebenden Vogel in seinen Händen und fragt Mah-Vehir, ob der Vogel lebe oder tot sei. Sollte der Weise antworten, der Vogel sei tot, würde er die Hände öffnen und den Vogel fliegen lassen. Doch lautet die Antwort hingegen: „Lebendig", brauchte er nur die Hände kurz zusammenzudrücken und der Vögel wäre tot. Wie die Antwort des Weisen auch ausfiele, es wäre niemals die richtige.

Nach einer langen und beschwerlichen Reise fanden sie Mah-Vehir und stellten ihm die Frage: „Ist der Vogel in meiner Hand tot oder lebendig, weiser Mah-Vehir?" Da lächelte der alte Yogi, schaute sie aus liebevollen Augen an und sagte mit ruhiger Stimme: „Mein Sohn, du allein hast es in der Hand, ob der Vogel lebt oder nicht."

Auch Sie haben es nun in der Hand, Ihre Talente lebendig zu halten oder sie nach einiger Zeit sterben zu lassen. Denn das Ende dieses Buches ist für Sie nur der Anfang einer motivierenden und begeisternden Reise zu Ihren Visionen.

Ihre Talente befreien sie aus der Abhängigkeit von irgendwelchen Umständen, Ihre Vision ist der Schlüssel zur Freiheit. Sie müssen nichts mehr tun, um zu ... Was Sie tun, tun Sie aus sich heraus, weil es übereinstimmt mit Ihren Talenten und Ihrer Vision, weil es Ihnen im tiefsten Herzen Freude macht.

Sie können Ihren eigenen Weg konstruieren. Sie sind Ihr Schicksal. Fatalistisches Denken ist Determinismus zum Versagen. Und im Unterschied zu einem fatalistischen Standpunkt ist Schicksal dadurch gekennzeichnet, dass man es selbst in den Griff bekommt, es selbst entwerfen kann. Denn nichts ist vorbestimmt, alles basiert auf freiem

Willen. Haben Sie Achtung vor sicher selbst, und achten Sie Ihre Talente!

Die Parabel vom Adler

Leute hatten einen jungen Adler aus seinem Nest gestohlen, um ihn in ihrem Garten an eine Stange zu ketten. Anfangs wehrte sich der Vogel gegen seine Fesseln, doch mit der Zeit ergab er sich in sein Schicksal. Eines Tages entdeckte er hoch oben einen seiner Artgenossen. Dieser näherte sich ihm mit jedem Tag. Schließlich streifte er ihn mit seinen Flügeln. Durch diese Berührung wurde in dem jungen Adler eine Kraft

lebendig, auf Grund derer er sich von der Stange losriss und in den Himmel davonflog.

Diese Kraft, die den Adler befähigte, sich aus seinem Gefängnis zu befreien, tragen auch Sie in sich. Und wenn Sie Ihre Talente kennen und Ihrer Vision folgen, dann werden sie Lust verspüren, die Weite Ihres Lebens kennen zu lernen und so oft wie möglich den Himmel berühren zu wollen.

Dank

Alle Gedanken in diesem Buch beruhen auf Ideen, die mir von anderen Menschen

- in Gesprächen
- in Büchern
- in Seminaren

vermittelt worden sind. Für dieses Geschenk danke ich.

Die Menschen, die ich traf, waren keine, die ihr Wissen für sich behalten wollten; sie wollten es teilen, damit Sie es erfahren.

Literatur

ATTAR, FARID UD-DIN: Vogelgespräche, Ansata Verlag, Interlaken 1988.

BACH, RICHARD: Illusionen, Ullstein Verlag, Berlin, Frankfurt am Main 1987.

BACH, RICHARD: Die Möwe Jonathan, Ullstein Verlag, Berlin, Frankfurt am Main 1987.

BARRIOS, ENRIQUE: Ami-der Junge von den Sternen, Falk Verlag, Seeon 1990.

BATESON, GREGORY: Ökologie des Geistes, Suhrkamp Verlag, Frankfurt am Main 1985.

BATESON, GREGORY: Geist und Natur, Suhrkamp Verlag, Frankfurt am Main 1982.

BENNETT, JOHN G.: Die Meister der Weisheit, Verlag Bruno Martin, Südergellersen 1993.

BROTHERS, JOYCE, EAGEN, EDWARD P. F.: In 10 Tagen zum vollkommenen Gedächtnis, Ariston Verlag, Genf, München 1989.

BUCHNER, DIETRICH: Manager Coaching, Junfermann Verlag, Paderborn 1993.

BUCHNER, DIETRICH: NLP im Business, Gabler Verlag, Wiesbaden 1994.

BUCHNER, DIETRICH: Team-Coaching, Gabler Verlag, Wiesbaden 1994.

BUCHNER, DIETRICH: Packen Sie's an, Gabler Verlag, Wiesbaden 1993.

BUCHNER, DIETRICH: Vision und Wandel, Gabler Verlag, Wiesbaden 1995.

CAREY, KEN: Vision, Falk Verlag, Planegg 1987.

CHATWIN, BRUCE: Traumpfade, Fischer Taschenbuch Verlag, Frankfurt am Main 1992.

COLDWELL, LEONARD: Die unbegrenzte Kraft des Unterbewusstseins, Irisiana Hugendubel Verlag, München 1994.

CSIKSZENTMIHALYI, MIHALY: Flow, Klett Cotta Verlag, Stuttgart 1992.

DILLMAN, BRUCE: Ziel um Ziel, Junfermann Verlag, Paderborn 1992.

FLEMMING, HANS-CURT: Sprünge, Verlag Hans-Curt Flemming, Stuttgart 1986.

FLEMMING, HANS-CURT: Blätter vom fliegenden Märchenbuch, Verlag Hans-Curt Flemming, Stuttgart 1984.

GHASALI, AL: Das Elixier der Glückseligkeit, Eugen Diederichs Verlag, München 1993.

GROF, STANISLAV Die Chance der Menschheit, Kösel Verlag, München 1988.

GURDJIEFF, G. 1.: Begegnungen mit bemerkenswerten Menschen, Aurum Verlag, Freiburg im Breisgau 1978.

HAETZEL, KLAUS: Wege auf Wasser und Feuer, ETB Verlag, Düsseldorf 1990.

HERRIGEI, EUGEN: ZEN in der Kunst des Bogenschießens, Otto Wilhelm Barth Verlag, Bern, München, Wien 1985.

HESSE, HERMANN: Narziß und Goldmund, Suhrkamp Taschenbuch Verlag, Frankfurt am Main 1975.

HESSE, HERMANN: Siddhartha, Suhrkamp Taschenbuch Verlag, Frankfurt am Main 1974.

HESSE, HERMANN: Der Steppenwolf, Suhrkamp Taschenbuch Verlag, Frankfurt am Main 1974.

JAXON-BEAR, Ein: Die neun Zahlen des Lebens, Knaur Verlag, München 1992.

KLEIN, NICOIAUS, DAHLKE, RÜDIGER: Das senkrechte Weltbild, Kailash Hugendubel Verlag, München 1993.

KONFUZIUS: Gespräche des Meisters Kung, Deutscher Taschenbuch Verlag, München 1985.

KOPP, SHELDON B.: Triffst du Buddha unterwegs ..., Fischer Taschenbuch Verlag, Frankfurt am Main 1978.

LAMA, DALAI: Das Buch der Freiheit, Bastei Lübbe Verlag, Bergisch Gladbach 1990.

LASKO, WOLF W.: Personal Power, Gabler Verlag, Wiesbaden 1995.

LASKO, WOLF W..: Professionelle Neukundengewinnung, Gabler-Verlag, Wiesbaden, 2. Auflage 2000.

LASKO, WOLF W.: Stammkundenmanagement, Gabler Verlag, Wiesbaden, 3. Auflage 1997.

LASKO, WOLF W.: Small Talk und Karriere, Gabler Verlag, Wiesbaden, 2. Auflage 2001.

LASKO, WOLF W.: Charisma, Gabler Verlag, Wiesbaden 1994.

LASKO, WOLF W., BUCHNER, DIETRICH, GRUNDMANN, HANS JÜRGEN: Ihr persönliches Erfolgsprogramm, Econ Verlag, Düsseldorf, Wien 1991.

LASZLO, ERVIN: Die inneren Grenzen der Menschheit, Horizont Verlag, Rosenheim 1988.

LEM, STANISLAW: Die vollkommene Leere, Suhrkamp Verlag, Frankfurt am Main 1983.

MANDINO, OG: Das Geheimnis des Erfolgs, Verlag Norman Rentrop, Bonn-Bad Godesberg 1982.

MURPHY, JOSEPH: Die unendliche Quelle Ihrer Kraft, Ariston Verlag, Genf 1981.

MURPHY, JOSEPH: Das Wunder Ihres Geistes, Ariston Verlag, Genf 1985.

MURPHY, JOSEPH: Die Macht Ihres Unterbewusstseins, Ariston Verlag, Genf 1985.

MURPHY, MICHAEL: Der Quanten-Mensch, Integral Verlag, Wessobrunn 1994.

ROGERS, CARL. R.: Der neue Mensch, Klett Cotta Verlag, Stuttgart 1983.

RUF, OSKAR: Die esoterische Bedeutung der Märchen, Knaur Verlag, München 1992.

RUF, OSKAR: Die esoterische Bedeutung des Lesens, Knaur Verlag, München 1992.

SCHIMMEL, ANNEMARIE: Sufi, Wilhelm Heyne Verlag, München 1993. SCHNEIDER, WOLF: Die Sieger, Sternbuch im Verlag Gruner & Jahr, Hamburg 1993.

STEARN, JESS: Der schlafende Prophet, Knaur Verlag, München 1985.

STEVENS, JOSE UND LENA: Zur Quelle der Kraft, Bauer Verlag, Freiburg im Breisgau 1994.

STEVENS, JOHN Q.: Die Kunst der Wahrnehmung, Kaiser Verlag, München 1975.

STORR, ANTONS Die schöpferische Einsamkeit, Paul Zsolnay Verlag, Wien, Darmstadt 1990.

TWEEDIE, IRINA: Der Weg durchs Feuer, Ansata Verlag, Interlaken 1992.

YOGANANDA, PARAMAHANSA: Autobiographie eines Yogi, Otto Wilhelm Barth Verlag, Bern, München, Wien 1985.

YUTANG, LIN: Die Weisheit der Laotse, Fischer Taschenbuch Verlag, Frankfurt am Main 1987.

ZIMMER, HEINRICH: Yoga und Buddhismus, Insel Taschenbuch, Frankfurt am Main 1973.

Der Autor

Dr. Wolf W. Lasko ist Gründer und Geschäftsführer des Unternehmens *Winner's Edge*. Mit seinen 16 Gesellschaftern und mehr als 60 Partnern betreut er vor allem Sales-getriebene Unternehmen, die im DAX gelistet sind, und dies für alle Branchen, für die Vertrieb der Point of Difference ist.

Winner's Edge, vor rund 20 Jahren am Markt positioniert, arbeitet auf der Basis des Resulting. Resulting heißt mehr als Beratung, Training und Coaching, denn diese Herangehensweise zielt auf das konkrete Umsetzen von Sales-Projekten in messbare Business-Resultate ab. Vorraussetzung dafür sind die Generierung eines kreativen Hebels und der Einsatz von Extreme Learning-Methoden bei der Realisierung, um so die angestrebten Resultate zu erzielen.

Die dazu notwendige innere Haltung der *Winner's Edge* Resulter: »Think DEEP!«

Wer tief nachdenkt und die oberflächlichen Routinen durchbricht, ist näher am Markt und damit besser gerüstet für den permanenten Change.

Neben seinen zahlreichen Publikationen zu Kommunikation, Sales, Leadership und Management widmet sich Wolf W. Lasko auch der philosophischen Dimension unternehmerischen Denkens und Handelns. Seine Bücher der Reihe »Think DEEP!« greifen Themen wie Motivation, Charisma, Kreativität und Weisheit auf.

www.lasko.de

Philosophie

978-3-89901-151-7

978-3-89901-152-4

978-3-89901-153-1

978-3-89901-154-8

Unternehmerisches Denken & Handeln

978-3-89901-148-7

978-3-89901-149-4

978-3-89901-150-0

Management

978-3-409-18879-1

978-3-8349-0320-4

978-3-409-11960-3

Leadership

978-3-409-19624-6

978-3-409-14267-0

Sales

978-3-409-49617-9

978-3-409-39563-2

978-3-409-11959-7

978-3-8349-0187-3

Kommunikation

978-3-409-29679-3
978-3-442-16251-2

978-3-409-18937-8

978-3-409-18975-0